Diario de un Cangrejo

en peligro de extinción

José Alfonso Montejano

Índice

Nacimiento

Hoy nací, mi instinto me dice que debo pasar todavía dos semanas en estado larvario para convertirme en un verdadero cangrejo en forma, mi madre me depositó en las arenas del mar y lo bueno es que ya tengo una especie de columna vertebral que me permite impulsarme para buscar la comida, lo que quedaba de la yema de mi cascarón me lo comí y aún tengo un hambre terrible, cómo no soy vivíparo, no puedo llorar para que me den mi alimento pegado a una ubre.

Hoy pasé de mi estado larvario a ser una especie de araña con huesos en el exterior, por instinto camino hacia los manglares aunque todavía no sé ni por qué, tampoco sé el día ni el año en que vivimos, sólo sé que soy un cangrejo porque veo a mi alrededor seres con cuatro patas y una tenaza de cada lado, supongo que son mis hermanos, de las tenazas, una es más larga que la otra, mi cuerpo es café oscuro, tiene motas color marrón y blanco, por lo que deduzco que soy un cangrejo violinista, mi nombre científico debe ser "Uca pugnax".

Comienzo mi vida conociendo lo que hay en los entornos que invaden mi vista y todo es nuevo y exuberante para la asimilación de lo que puedo captar, veo que hay raíces acuáticas de mangle por todos lados y me doy cuenta que es mi hábitat, los troncos se abrazan y se meten por entre los escurrideros que forman lo que parece ser un estero, pruebo el agua que está bajo mis patas y es salobre, debe haber un importante rio que con su cuantioso caudal surta la abundancia del líquido y lo mezcle con el mar que se escucha lejano, cuando fui larva no aprecié su sonido, ahora percibo que sus olas rompen acompasadas y engendran paz en mis limitadas neuronas. Inicio el movimiento de mis células cerebrales y me pongo a pensar en que todos los ríos del mundo deben ser importantes, su misión en el equilibrio ecológico tiene que ser de sumo valor, yo tengo pocos días de nacido y aún no descubro lo que me será encomendado en esa proporción majestuosa de la naturaleza, soy un cangrejo violinista y quizás por mi inclinación hacia la belleza, deba ser maestro de música o de disciplinas artísticas en un futuro, hoy apenas me muevo por instinto, mi madre depósito sus huevecillos sobre la marea baja y al nacer vi cómo una luz, al refractarse en el agua azulada, encandiló las pupilas de mis incipientes protuberancias, tiempo después supe que lo que producía ese destello deslumbrante era el sol, una estrella que genera la vida de todos los organismos vivos que convivimos en armonía en el espacio de un mundo esférico que dicen es la Tierra.

Es bonita la vida aeróbica, cuando fui larva no me percaté de innumerables cosas que ahora percibo, no conocía los colores de las flores ni el azul del cielo que se refleja en el agua, se ve imponente desde el exterior del refugio que cavé para protegerme de los depredadores, aquí traeré a la hembra que me guste cuando me despoje de mi exoesqueleto y sea grande, los dos juntos veremos la luna y haremos planes para que nuestros cangrejitos vivan en un mundo mejor, ellas tienen las tenazas del mismo tamaño y no se pueden defender de los recolectores de jaibas, pero con mi tenaza musculosa yo sabré defenderla, voy a aprender de mis mayores la manera en que luchan para cerrar fuerte mi alicate en las personas que la molesten y la soltaré con decisión para que no puedan curarse tan fácilmente de las excoriadas que les voy a ocasionar, ningún marisquero la va a prender para prostituirla con los ostiones y depositarla en un coctel.

Hoy nadé en el estero, me doy cuenta de que hay muchísimos microorganismos vivos e invisibles rondando por entre la multitud de varas que se entrelazan por debajo del agua, forman un ecosistema que debo cuidar porque soy parte de él, seguido vienen peces recién nacidos y comen de las bacterias que no se ven, algunos ya no regresan porque son devorados por otros peces más grandes, me explican mis padres que son las leyes de la vida, no puede haber multitudes de una sola especie sin crearse un caos en el orden perfecto de la naturaleza, se han enterado que eso es lo que le está sucediendo a la especie humana y sus gobernantes están desesperados porque no saben cómo controlar la sobrepoblación, se han creído de mandatos divinos y de sistemas económicos en los que solamente resultan vencedores los iniciadores de la bola de nieve que los arrastra a todos, yo apenas inicio mi vida y veo que entre las plantas y animales no sucede eso, todos hacen su trabajo con dedicación y esmero, se comen lo que cazan en el mismo instante en que lo consiguen, ninguno guarda los peces para venderlos más tarde, es más, en ningún lado veo tiendas de productos básicos ni iglesias en donde tengamos la obligación de comprar u orar para demostrar o pedir que nos vaya bien, en este excelente ambiente natural a todos nos va bien.

Hoy sigo conociendo mi hábitat, me voy por entre los árboles que salen del agua y veo que hay un poblado cercano, me arrastro hacia la playa y crecen ante mis ojos enormes edificios que tienen a su alrededor albercas y sillas de descanso, están llenos de turistas, son las vacaciones de verano y las familias vienen de paseo con sus hijos, continúo mi exploración y llego hasta el rio que nutre al estero, en él hay lanchas que hacen recorridos para conocer los manglares, me alcanzo a trepar a una de ellas que casi va de salida y escucho como les explican a las gentes que suben a bordo que hay una enorme variedad de cangrejos, les dicen que algunos están en peligro de extinción porque se atraviesan sin ningún cuidado por la carretera y los autos los aplastan sin verlos.

Los lancheros se paran donde ven ejemplares vistosos para que los turistas les tomen fotografías, los cangrejos se asustan y huyen, piensan que los quieren atrapar para llevarlos de botana a alguna cantina, a mí me descubre una señora que trae un sombrero de ala ancha, lentes grandes de sol y un diminuto bikini amarillo, la señora está un poco pasada de peso y presume sus encantos sin percatarse de que los demás pasajeros se burlan de la seguridad con la que lo hace, todos se arremolinan para tomarme fotografías, el lanchero les grita que no se coloquen de un solo lado porque la lancha se puede voltear, pero la gente no le presta atención, inician los movimientos cada vez más violentos y la lancha da un vuelco, caen los pasajeros al rio, su corriente es fuerte y los comienza a llevar por lugares que ellos no planearon en su recorrido, la mayoría sabe nadar y se dejan conducir por la creciente hacia la selva del manglar, no vislumbran que con esto pueden estar en peligro, en sus contornos hay un lagarto que sale sigiloso y se desplaza sin que nadie note su presencia, es un momento de pánico reflejado en los rostros de algunas personas, sus ojos cambian la expresión y manifiestan la incertidumbre del instante que están viviendo, afortunadamente el lagarto había terminado de comer un suculento platillo de peces y entró al río solamente para refrescarse, los turistas pudieron volver al bote y llegar sanos y salvos al inicio de su aventura, el paseo termina con una risa nerviosa y colectiva, todos juran que jamás volverán a cuestionar las órdenes de gente experimentada que quiso mantenerlos en la seguridad de un espacio recreativo, lo bueno fue que con la experiencia vivida se hicieron amigos y se fueron a comer a uno de los restaurantes que ofrecen comida del mar. Yo caí al agua y nadé hasta la orilla sintiéndome orgulloso de haber sido fotografiado, espero que la gente me conozca y se preocupe, aunque sea un poco, por la conservación de mi hábitat.

Con la trifulca de la lancha se me hizo bastante tarde y me quedé a dormir en las orillas de la desembocadura del rio, ojalá que los lagartos no me provoquen pesadillas, los cangrejos también tenemos deseos insatisfechos que evocamos en las noches y estamos dispuestos a luchar por un mundo sobresaliente para todos los especímenes que conformamos el ecosistema globalizado.

Hoy regresé a mi refugio y por la tarde continué con la construcción de mi vivienda, es un agujero de diez a doce centímetros de diámetro, lo sigo cavando con ahínco para hacerlo seguro, ya llevo un metro de profundidad y aún no llego al manto freático, las arenas secas se derrumban y lo vuelven a rellenar, necesito conseguir un poco de bentonita para enjarrar las paredes y que quede estable, de otra manera no podré acceder a ese nivel tan necesario para el organismo de los crustáceos y se me complicarán los problemas, nuestras branquias deben mantenerse húmedas para que se elimine la necesidad de ir a cada rato al mar a que se refresquen, los cangrejos debemos evitar estar resecos para poder respirar con tranquilidad y no roncar.

Hoy sigo construyendo mi refugio, al túnel principal le voy a cavar túneles secundarios para que queden amplios espacios donde pueda guardar chucherías, también donde pueda pintar, leer y escuchar música, sé que suena raro pero soy un artrópodo del orden de los violinistas y quizás por eso tengo la afición al arte que desde que era larva fluía por la sangre que circula por mi cuerpo, incluso le voy a construir una terraza y un jardín donde podamos reunirnos los familiares en épocas de convivencia o los fines de semana, aunque seamos cangrejos es importante promover la unión familiar entre todos nosotros y las demás formas de vida.

Hoy salí a recorrer el pueblo que se encuentra entre mi refugio y la desembocadura del rio, debo transitar por algunos exuberantes palmares en los que corro el riesgo de que me apachurre alguna pezuña de ganado de las que abundan en este tipo de ranchos, pero es un placer deambular por esos paisajes maravillosos en los que los altos pastos que devoran las reses, dibujan las bases de los troncos que en lo alto abren sus ramas con el fin de pedir la clemencia de Dios para que el agua de lluvia mantenga los pastos.

Antes de llegar al poblado me detuve en un estero cercano y me subí a una palmera para contemplar el vecindario desde la cúspide, es una población característica de la zona costera del Golfo de México, su fuente de ingresos es la pesca y sus habitantes son descendientes de las tribus que salieron de Teotihuacán a fusionarse con el imperio Olmeca, las azoteas son de palapa y sus volados tiñen una sombra contrastante sobre las paredes blancas de los muros de sus casas, la mayoría de las calles son de terracería y a nadie le importa, el asfalto aún no ha llegado a contaminar las mentes de sus habitantes, ellos aprovechan las vallas de postigos para colocar macetas en las que las flores juegan el papel de psicólogos restauradores del estado de ánimo, es un pueblo auténtico de naturales preocupados por el medio ambiente, no se dejan convencer por la especulación financiera y son felices con lo que tienen.

Continúo mi excursión por el pueblo, son seis calles en un sentido y seis en el otro, puedo transitarlas en pocos días, la mayoría llegan a un camino real que va a los ranchos que están pegados a la playa, en su trayectoria trazan una cuadrícula a la que los lugareños denominan "El Fraccionamiento".

Como todos los pueblos de México también tiene su plaza donde los domingos la gente acude a que sus hijos pequeños compren globos y coman algodones de azúcar, en algunos puestos hay exquisitas nieves de garrafa hechas con sabores de frutas frescas, en otros, los adultos piden púlacles, bocoles, molotes y enchiladas de pipián para degustar la gastronomía veracruzana, la mayoría no son de ahí, vienen a pasar el fin de semana en la playa y salen a deambular en compañía de la gente amable que los recibe, veo con agrado que los linderos de mi terruño se están convirtiendo en un lugar turístico, tiene bastantes hoteles y su iglesia es de un estilo de construcción renacentista francés degradado, lo único que me molestó de mi recorrido, fue que los adultos pedían su nieve en vasos de plástico, no aprenden de los niños que la pedían en barquillo.

Hoy escribí una nota y la deposité en el buzón del ayuntamiento, en ella les digo que deben legislar para que se prohíban los globos, tardan más de seis meses en biodegradarse y son la principal causa de muertes en el mar, los animales marinos los confundimos con alimento y nos los tragamos sin saber que no los puede digerir nuestro organismo, a mí me ha sucedido varias veces y afortunadamente he salido bien librado, mi estómago se comporta a la altura de las circunstancias y me advierte de los peligros con una ligera indigestión que he curado con limón y un poco de bicarbonato de sodio existente en las sales de las aguas marinas, con estos remedios caseros he vomitado las porquerías que desechan los humanos, sin embargo he visto peces y tortugas que asoman su cabeza por entre las aureolas de productos dañinos para su salud, es por eso que me atreví a poner una queja en el buzón del ayuntamiento, está bien que los niños se diviertan, pero lo deben hacer junto a sus padres y con juguetes reciclados por ambos, así serán más felices, tendrán una consciencia medioambiental satisfactoria y crecerán en la seguridad que les otorga la interacción sana con sus progenitores.

Hoy vi a unos niños que jugaban al trompo y al balero, estaban contentos y su jovialidad les permitía jalar el trompo en diagonal para bailarlo en la mano, su alegría también les ayudaba a lograr más "capiruchos de a veinte" en una sola tirada con el balero.

Hoy pinte un cartón que dice: "De favor pida su nieve en barquillo, libere a los animales de la tortura del plástico", lo vamos a colgar en el cuello de los saraguatos más monos para que en lugar de contratarse con los organilleros, lo porten con dignidad los domingos en todos los puestos de nieve del pueblo.

Hoy hubo una boda muy rimbombante en el pueblo, la iglesia la vistieron de gala con unos floreros raídos de tiras de madera blanca, los colocaron uno a cada dos bancas y les pusieron unas flores de plástico horribles, el pasillo principal por donde iba a ser entregada la novia, lo cubrieron con una alfombra imitación persa que los sacerdotes encargados habían comprado en Tepito, el novio, muy elegante, traía puesto un smoking color violeta de tela sintética exclusivo de una tienda comercial de la localidad, la novia un vestido ampón blanco que le habían cosido en Poza Rica, no entiendo a las personas que usan ropa derivada del petróleo, si hace calor es todavía más calurosa y si hace frío es todavía más fría, deberían usar el algodón que se usaba antes, los indígenas lo portaban con elegancia en todas las ceremonias, eran preciosos trajes adornados con manta bordada, con esto estaban frescos en verano, calientitos en invierno y se veían más distinguidos que con esos trajes bochornosos y artificiales, en fin, allá ellos. La fiesta fue de lo más chic, rentaron exclusivamente para el evento una bodega de una cervecería y llevaron cuatro marranos para freírlos en unos cazos de cobre que los chicharroneros aprovechaban para bañar a sus hijos cuando no había jolgorio, luego repartieron dos botellas de tequila en cada mesa, ahí comenzó el acabose, las carnitas tardaron demasiado tiempo en freírse en su propia grasa y cómo no había botana, las esposas de los invitados salieron a comprar toda clase de comida chatarra en lo que sus maridos vaciaban la mayoría de los cartones que contenían la cerveza, la mezclaban con el tequila y se la bebían, se armó una trifulca de la que salieron varios heridos cortados con las botellas que rompían en las mesas para pelearse entre ellos, yo creo que la bebida estaba adulterada porque los que no estaban dormidos se tundían a golpes, los cazos se voltearon y toda la manteca, junto con la carne, se derramó por el piso, los niños lloraban porque el aceite caliente les carcomía los zapatos y su ardor les llegaba hasta los tobillos, a los borrachos los despertaba la efervescencia ardiente que escurría por entre las coyunturas de las juntas del piso, saltaban como chapulines para seguirse peleando; cómo las autoridades también estaban invitadas y también andaban borrachos, no había a quien llamar para que pusiera orden, es más, los policías sacaban sus pistolas y jugaban al tiro al blanco con las botellas vacías, lo hacían con el fin de divertirse mientras los demás se trenzaban en una maraña que fue recordada durante varios años como "la camorra del siglo".

Hoy me invité a una piñata, en la mañana me encontré una invitación en un lejano bote de basura desatendido en las afueras del pueblo, y por la tarde acudí al domicilio a presentar mis parabienes, para no perder el tiempo y llevar algún regalo, junté unos dulces chupados y los envolví en un papel reciclado que guardé exprofeso para el día en que me encontrara cualquier invitación a cualquier evento, obviamente ni me la pidieron al llegar, la dejé en una cesta de basura en el jardín de la entrada junto con mi regalo, le di la vuelta a la casa, pasé por donde había unos brincolines con unos niños saltando y llegué al núcleo de la reunión, "ya le diste una, ya le diste dos, ya le diste tres y tu tiempo se acabó" —cantaban las señoras alrededor de una niña vendada de los ojos—, cómo era la del cumpleaños le volvían a cantar para que rompiera la piñata más vistosa, era un cántaro forrado con papel de china que tenía siete picos, decían las personas que estaban a mi alrededor, que su significado era el de los siete pecados capitales, la niña se quitó la venda y después de tumbarle los cucuruchos de colores, se lanzó en contra de la desguarnecida vasija, la quebró y en su enjundia soltó el palo que vino a caer junto a mí, corrieron varios niños a juntar dulces y acumularlos en los envoltorios que habían conseguido, vi que la mayoría tenían los pies vendados y en ese instante supe que eran los mismos que ayer estaban en la boda.

Hoy reflexiono sobre la borrachera que hubo en la boda y llego a la conclusión de que quizás los padres de los niños invitados, en lugar de ir a confesarse por el temor a decir sus pecados, buscaban su arrepentimiento en las piñatas de siete picos.

Hoy me dediqué a desmentir algunos mitotes que se rumoran en el pueblo, dicen que los manglares se pueden recuperar en corto tiempo y no es cierto, los manglares tardaron millones de años en conformar un ecosistema saludable para todas las especies que se nutren en sus contornos, este ecosistema interactúa con la biósfera y establece el equilibrio con el que ha evolucionado la Tierra, en él participan otros diversos ambientes para forjar el ecosistema global al que algunos naturalistas le denominan: GAIA.

Hoy continué investigando sobre los manglares y su incidencia en el equilibrio terrestre, para divulgarlo debo aprender a mover más rápido mis pinzas para con ello darme a entender y motivar la consciencia ambiental de los habitantes del pueblo, la difusión de sus valiosos detalles los convencerá de buscar una administración honesta y afianzada en su propia posibilidad de un desarrollo sustentable adecuado, resulta que los bosques de mangle, aparte de muchos otros beneficios, almacenan más carbono por unidad de superficie que los bosques tropicales, son casi mil toneladas por hectárea, esto ayuda enormidades a la regulación del clima que procura la misma Tierra para corregir los errores industriales que tuvieron los humanos en su equivocado desarrollo.

A pesar de ser vegano por decisión propia y no por instinto, hoy me comí una pequeña sabandija de las que abundan en los manglares, ¡no la hubiera ingerido!, mi cefalotórax se me empezó a hinchar de una forma extremadamente abultada, parezco globo de Cantolla, las piñatas del otro día son pelotas de ping pon en comparación con mi panza, se me hace que esa sabandija debió haber comido plásticos pulverizados y ahora yo soy portador de esos virus, estoy consciente de que en la vida marina el pez grande se come al chico, son las leyes de la existencia que me explicaron mis padres, pero el pensar en esto me preocupa, me hace suponer en que si algún día me meto al mar y otro ser vivo se alimenta de mí, los micro plásticos en los que se descompone la basura que tiran al océano los irresponsables humanos, pasarán a otras especies y se consolidará el círculo perpetuo que nos tiene amenazadas a todas las variedades terrestres y marítimas.

Hoy quise organizar una manifestación para exigir que se cumplan los derechos de los animales a un medio ambiente sano, hablé con varios amigos y nadie tuvo motivaciones contundentes para entrarle, me dijeron que había varios pescadores tirando atarraya y si salíamos en grupo a hacer escándalo, íbamos a terminar fritos en una cazuela, al ver esa actitud defensora de la supervivencia, me doy cuenta de que ninguno tiene vocación de mártir, que bueno, ningún animal debe pensar en suicidarse para que los humanos coman.

Hoy no quiero escribir, prefiero irme a conocer el fondo marino, comienzo por estimular mis branquias para bucear en las profundidades y acostumbrarme a la presión, los cangrejos respiramos por medio de un sofisticado sistema de branquias y pulmones branquiales adheridos en nuestra piel, podemos inhalar y exhalar sin ningún problema en mar y tierra, entro al agua y no me da cus cus meterme hasta el fondo del océano, sé que no me puedo ahogar, menos sentir la horrible sensación de que me falta el aire, quiero estar varios días contemplando las maravillas de la vida subacuática y me adentro hasta lugares que aún no han sido descubiertos por el hombre, veo especies que no conocen la luz solar, no tienen ojos porque no los necesitan, se desplazan como sensuales pompas de jabón cachondeadas por la excesiva presión del agua, no van hacia ningún lugar porque en la oscuridad del fondo del mar ellas no pueden sentir la rotación terrestre y por lo mismo no pueden medir el tiempo ni la distancia, es como el universo, un espacio infinito dónde no tiene sentido desplazarse porque no sabes ni en dónde estás, ni adonde quieres ir, ni cuánto tiempo vas a "desperdiciar" para llegar, el tiempo no existe. Esas especies son formas primigenias de vida que evolucionaron de acuerdo a su entorno, no creo que tengan inteligencia, pues si la tuvieran, hubieran desarrollado un sistema motor parecido al de los delfines, tampoco creo que se comuniquen entre ellas, estoy seguro que son de las primeras creaturas que existieron en este mundo, pero tomaron otra línea evolutiva diferente a la que tomamos las demás formas de vida, se quedaron en el agua y permanecieron estáticas en un estado parecido al de los virus, sólo modificaron su cuerpo para adecuarse a la presión y a las mareas submarinas, no se preocuparon por relacionarse, no tenían motivos para hacerlo, comen a través de sus poros y por medio de ellos se nutren de todas las sales que necesita su cuerpo, se encuentran sin ninguna preocupación en su hábitat natural. Debido a la placidez que veo en ellas y a la experiencia que yo estoy viviendo, puedo documentar que son creaturas desconocidas por el hombre que se adaptaron fácilmente a sus circunstancias, no requirieron modificarlas para continuar su estancia en la extensa biodiversidad del universo.

Hoy vi a un alegre buzo admirando la biodiversidad marina, sus aletas se movían con lentitud y trasmitían la paz que debería alcanzarse en la mente de todos los organismos vivos, su soledad reflejaba la secreción de los alcaloides que corrían por su cuerpo, parecía volar sin que la atracción de la gravedad terrestre lo llevara a algún precipicio, en silencio platicaba con un cúmulo de variedades que contestaban a su llamado de amistad, estaba en un mundo que no era el suyo, en su intento de dominación, la naturaleza era su contrincante y estaba consciente de que no lo iba a combatir con traiciones, sus sentimientos y sus sensaciones no tenían límites, al principio creí que de verdad estaba extasiado por la multiplicidad de ejemplares que encontraba en su cadencioso nado subacuático, pero despúes entendí que su alegría se debía al descubrimiento de unos doblones de oro escondidos en las bodegas de un galeón español hundido, a los humanos les sube la adrenalina con solo ver esos metales corroídos, no advirtió la presencia de otros buzos que para robarlo, le cortaron el suministro de oxígeno de sus tanques, pertenecían al cartel de las profundidades y los Oficiales de la Secretaría de Marina los dejaban operar en sus insondables contornos.

Hoy caminé un poco más hacia arriba, estoy cerca de los arrecifes de coral, salí de esas profundidades siempre en penumbra y difíciles de comprender, me aparté de los lugares donde habitan lo que algunas personas denominan "monstruos", quiero aclarar que en ese ambiente sombrío no existen ni las sirenas ni los dragones, me hubiera gustado conocerlos, sobre todo a las sirenas, porque los cangrejos también tenemos fantasías fetichistas que nos mueven a buscar satisfactores platónicos dentro de nuestros dominios territoriales, sin embargo, lo que veo en los espacios donde comienzan a brillar los rayos solares, es mil veces mejor a cualquier fantasía sexual y a cualquier fetichismo obsesivo, veo a los corales admitiendo una pluralidad de peces de colores que asombrarían a las variedades más sofisticadas de seres extraterrestres, me cautivan los bancos de animales marinos y la ayuda que se prestan unos a otros, la simbiosis es la justificación de su existencia, también me arrebatan los contrastantes matices coloridos siempre armónicos en los que no hay un solo ser que se salga de su esencia integral de superación estética, en esos contornos se vislumbra el azul del cielo con una intensidad sublime, las refracciones de los rayos de luz dibujan los arco iris en cada gota de la inmensidad acuosa y al igual que el fuego, te jala los pensamientos para no dejar de observarla, asimismo se siente su frescor en cada poro de tu caparazón duro.

Estoy de nuevo en tierra firme y comienzo el día revisando lo que asenté el día de ayer, creo que me desvié un poco de la intención que tuve al comenzar a escribir mi diario, me interesa provocar en los humanos la misma pasión por el medio ambiente que sentimos los animales y no quiero caer en malos poemas que provoquen que el libro sea leído únicamente por gente a la que le gusta la literatura por la literatura misma, de lo que sí estoy seguro es de que la naturaleza es infinitamente superior a los mejores poemas y por eso es tan difícil escribir sobre ella.

Hoy me regreso a los arrecifes de coral, necesito platicar con su líder sobre los problemas del calentamiento global del Planeta, los humanos ignorantes creen que los corales son plantas y los comparan con el fitoplancton del océano —que entre paréntesis produce el 40% del oxígeno mundial—, pero ellos no son vegetales, son animales que han soportado la mayor parte del agotamiento natural del mundo, se están blanqueando por el cambio de alcalinidad que genera la modificación del clima y su campo de acción en los cuantiosos ecosistemas se está reduciendo cada día más, me gustaría capturar sus experiencias y ver como entre todos los animales podemos ayudar a los humanos a recomponer el equilibrio natural, sería benéfico para las especies que conformamos el ecosistema global y los humanos nos lo agradecerían por toda la eternidad.

Hoy hice una cita con el dirigente de los arrecifes de coral y me recibió de inmediato, está bastante preocupado por lo que está sucediendo en el mundo, me dice que me vio pasar cuando anduve por las profundidades marinas y desde ese momento presintió que iba a volver, me llevó a su privado que era público y me ofreció un caballito de agua de coco que le traían algunos conocidos desde las costas de Yucatán, nuestra plática fue muy extensa, tratamos temas comunes que nos atañen a los vegetales y a los animales, el tema principal fue el padecimiento que estaba sufriendo su pueblo por los efectos nocivos de un calentamiento en el que su ejército de corales no había tenido nada que ver, me comentó que ellos son muy sensibles a los cambios repentinos de temperatura y que llevaban millones de años tratando de fortalecer un ecosistema integral progresivo, a últimas fechas le habían informado que la gran barrera de coral de Australia, un arrecife de más de dos mil quinientos kilómetros de longitud estaba muerto en un cincuenta por ciento, las algas simbiontes lo habían blanqueado y esto era una cuestión totalmente negativa para la recuperación de las especies que vivían a su alrededor, se enfermaban sin razón alguna, la erosión forestal junto con los sedimentos de fertilizantes, pesticidas y basura, estaban sofocando a los pequeños pólipos de coral causándoles la muerte, "es algo aterrador —continuó describiendo los horrores, peores al holocausto, que se padecían en los fondos marinos—, no es posible que los humanos no entiendan que dependemos unos de otros para sobrevivir tanto ellos como nosotros, se niegan a reformar las leyes y a escribirlas de forma adecuada para impulsar una verdadera justicia ambiental que redunde en su propio beneficio".

De verdad tenía razón el dirigente de los arrecifes, el día de hoy me regresé a la playa y estoy buscando una entrevista con las juventudes revolucionarias del pueblo, la estoy intentando conseguir para convencerlos de la necesidad de un activismo en favor del medio ambiente, los jóvenes son el futuro del Planeta y los adultos les están dejando un porvenir muy incierto.

Hoy me entrevisté con el cabecilla de un bando verde del gobierno para explicarle que la sustentabilidad no tiene color ni religión ni partido político, a todo lo que le dije me respondió que sí, que ya estaban viendo eso y que próximamente tomarían cartas en el asunto.

De verdad que a los políticos no les interesa en lo más mínimo el desarrollo sustentable, lo único que buscan es la riqueza monetaria y esta no se puede lograr sin degradar al ínfimo nivel a todas las especies de animales y vegetales del mundo.

Hoy hubo elecciones en el pueblo, en una casilla estaban ofreciendo jaibas asadas en leña de mangle a quienes votaran por un candidato ultraderechista, los cangrejos nos organizamos y escondimos a todas las especies que fueran factibles de atrapar para incrementar los votos de una persona fuertemente capaz de arruinar al medio ambiente solamente para llegar al poder, afortunadamente las elecciones favorecieron al otro candidato y aunque no era de izquierda, su plan de gobierno era mucho más provechoso para los desprotegidos y para los animales, consistía en la organización de talleres de reutilización y aprovechamiento de recursos para aprender a mantenerse dentro de las nuevas prácticas económicas que van a salvar al mundo, en sus discursos se comprometía a promover la transición energética y el urbanismo de adaptación, todos sus habitantes debían usar el automóvil lo menos posible y sustituirlo por la bicicleta, o si podían llegar a su trabajo caminando, mucho mejor, se iban a imponer multas a quienes tiraran basura en la calle, todos debían separar los desechos y clasificarlos para facilitar el reciclaje y la composta de los nuevos trabajadores del Municipio. El candidato tenía pensado y esa fue una de sus promesas de campaña, construir una planta de tratamiento para no tirar las aguas negras al mar, en fin, iba a cambiar la mentalidad de la gente para crear nuevos empleos y alcanzar y repartir la prosperidad por medios alternativos benéficos para los todos los ecosistemas, el colectivo de los cangrejos estaba con él, desgraciadamente en su toma de posesión lo asesinaron y nunca se investigó el delito, al expediente le dieron carpetazo en la siguiente administración.

En una de mis incursiones a las profundidades marinas, vi unos conos que los humanos están colocando en el mar para según ellos evitar los huracanes, quieren cambiar las temperaturas del agua superficial y la de arriba meterla en el fondo para que la de abajo que está más fresca, salga a la superficie a que la caliente el sol, de verdad que son estúpidos los hombres, no toman en cuenta la evaporación que provocan las lluvias, la densidad del agua que genera la congelación en los polos, la transferencia de calor que hace que las corrientes marinas no se detengan y equilibren las temperaturas del mundo, esas corrientes, junto con la rotación terrestre, mantienen el clima templado durante las estaciones de verano e invierno. Con estos "inventos" de la geo ingeniería, quieren competir con la Tierra para dominarla y demostrarle que son más inteligentes que ella, no saben que la Tierra ha regulado durante cinco mil millones de años todos los procesos climáticos para llegar a un punto tal de perfección natural, que ningún organismo surgido de su propia interacción con la biósfera, puede interrumpirlo únicamente por un capricho. Los humanos están llegando al grado de consciencia en el que perciben el fracaso evolutivo que forjaron con la revolución industrial, quieren corregir sus errores con otros errores más estúpidos, lo que debían de hacer es dejar de quemar petróleo.

Hoy me enteré de un obtuso multimillonario que para combatir los efectos nocivos del calentamiento global del Planeta, ofrece veinticinco millones de dólares a quién invente una máquina que capte bióxido de carbono de la atmósfera y lo transforme en Oxígeno, yo le mandé un telegrama únicamente con siete palabras para que no me costara caro: "ESAS-MÁQUINAS-YA-EXISTEN-SE-LLAMAN-ÁRBOLES".

Hoy la Madre Naturaleza me enseñó que los animales tenemos un guión escrito en el apartado de su evolución, somos un eslabón importante de las cadenas ecosistémicas y debemos hacer nuestro trabajo con la diligencia que nos caracteriza, algo que no ha aprendido el hombre y que es imprescindible que lo haga para mantener junto con nosotros el orden perfecto que ha forjado la Tierra, de otra manera los animales, los vegetales y los humanos nos vamos a sumir en un sifón de proporciones catastróficas, comparable a una pérdida de luz intensa engullida por un agujero negro, en otras palabras nos vamos a ir al chorizo en muy poco tiempo.

Me informaron que cerca de donde cavé mi refugio hay lugares maravillosos que trasmiten la solemnidad natural de los ambientes vírgenes, hoy me alisto para irlos a conocer, corto unas hojas Xiuhquilitl para preparar un poco de polvo de índigo, el azul añil con el que los ancestros de los totonacas decoraban las vasijas, quiero pintar un cuadro que trascienda y haga historia, plasmar en un lienzo pequeño la evolución completa del universo y sintetizarla en el ambiente natural de la Tierra, no importa que me tarde toda la vida en retocarlo.

Les pregunto a las cochinillas y a los demás insectos parásitos del nopal si quieren participar en mi obra, necesitaría rascarles un poco la piel para lograr el rojo grana que requiero, no las quiero desecar para que mueran porque mi cuadro se vería tétrico, las cochinillas me dicen que no hay problema y ya tengo dos colores, solo me falta el amarillo para obtener los colores primarios y combinarlos en el arco iris de los prodigios silvestres.

El amarillo lo extraigo de la flor xochipal, la hiervo y luego cuelo el líquido varias veces hasta dejarlo pastoso, si me permiten dar algunas clases en el Centro de Capacitación Artístico y Ecológico del pueblo, en un futuro próximo voy a invitar a mis alumnos para que me acompañen a bosquejar la Bocana, quiero enseñarles algo de derecho ambiental dibujado a tenaza libre.

La Bocana

Hoy salí a recorrer los alrededores de la bocana para elegir algunos encuadres interesantes y tenerlos en el cerebro cuando me decida a pintar la sencillez de la naturaleza en una obra de arte, la Bocana es un lugar imponente lleno de luz, resplandece en la conjunción entre el mar y el estero, sus arenas son blancas y suaves, parece un paisaje salido de algún cuento de hadas, si uno se va en lancha prendido de su estribor, al final del paisaje navegable el estero se abre en exageración extendiendo la visual sobre la inmensidad del océano, casi al llegar al mar genera colores tornasolados que se mezclan con el verde amarillento de los árboles de mangle, me costó trabajo llegar hasta allá porque está lejos de donde cavé mi agujero, pero me acompañaron varios amigos y no se me hizo retirado, incluso hasta jugamos una carrera, entonces desenmarañé algo que me traía en jaque desde hace días, me di cuenta de que todos los cangrejos caminan de lado, yo soy el único que camino hacia adelante, debo ser una especie mutante que nació con esta característica para mejorar la especie, espero que esta transformación no me provoque problemas en un futuro, ya que mis compañeros se desempeñan en diagonal con bastante celeridad y acuden prestos a mis convocatorias cuando los junto para defendernos de los perros que rondan por las playas en busca de los residuos que dejan los turistas.

Salimos de madrugada antes de que brillara el sol en todo su esplendor y paramos un momento para sentir el sugerente cobijo del astro rey, nos tocó ver el amanecer en el Golfo de México, es una sensación digna de ser contada, el agua se torna cálida y los tonos oscuros del agua resucitan de nuevo a la vida artística, cabe mencionar que durante la noche los brillos de algunas bacterias y el resplandor de la luna le dan un aire soberbio a las olas que revientan en sus playas, pero los tonos del amanecer son sublimes, algunos cangrejos que han venido de vacaciones me cuentan que los atardeceres son mejores, ellos vienen del Pacífico y me explican que allá las puestas de sol son imponentes, me detallan que al estarse ocultando la estrella que nos cobija, se aprecian los brillos del color ocre pajizo que cambian su tonalidad en el espejo del agua que rompe sobre las arenas extendidas, yo sólo conozco el amanecer en el Golfo y siento que no hay nada mejor, quizás mi percepción sea comparable al sentimiento que tienen los peces cuando alguien les comenta que el aire es preferible al agua y ellos permanecen impasibles en la calidez del océano, no lo sé, algún día iré a conocer ese mar que describen con tanta pasión, también me relatan que sus olas son enormes y que revientan a bastantes metros de la arena, que no hay alfaque y que hay surfistas que realizan movimientos espectaculares para continuar en sus tablas dentro de los huecos que se forman antes de descargar su espuma y diluirse en la tenue resaca que las recibe.

Nunca he visto los atardeceres y sus narraciones me dan envidia por conocer el mundo, me dicen que se vienen por el canal de Panamá y que hay unos barcos gigantescos cruzando entre los dos mares, que alguna vez vieron tribus salvajes de gente que sólo se cubre con un taparrabo, les lanzan dardos envenenados a los depredadores que se quieren apropiar de sus tierras para transformarlas en gigantescos tajos a cielo abierto de los que van sacar oro, ellos no están de acuerdo, la selva ha sido su hogar durante miles de años y disfrutan de su biodiversidad con bastante plenitud, se defienden del supuesto desarrollo con armas rudimentarias pero efectivas, no quieren saber nada de las minas porque corren veloces por entre las ramas de los árboles y se desplazan en canoas de remos para pescar y obtener su alimento, son felices con ese estilo de vida y no les interesan ni los autos de gasolina ni el dinero que les ofrecen por permitirles explorar un espacio que terminará erosionado.

Llegamos a la Bocana al mediodía y nos instalamos cerca de un acantilado por el que se vislumbran unas palmas de coco en la parte alta, no debe ser muy alto porque veo las piernas de varios hombres que suben y bajan de él con racimos de frutos verdes en sus brazos, uno de ellos parte un coco con el machete que trae fajado y me acerco para probar del agua que se tira, tiene un sabor agradablemente dulce que me incita a degustar la carne que se desprende de su corteza interior, también sabe exquisita, uno de los campesinos observa que estoy comiendo y bebiendo de las migajas que se tiran y quiere darme un machetazo, pero su compañero le detiene el brazo, le dice que la biodiversidad es necesaria para conservar el equilibrio de la naturaleza, que mejor parta otro coco para dar de comer a todos los cangrejos que se acercaron a observar el ecocidio, yo no sé lo que significa esa palabra pero la escribo con cariño, siempre la guardaré en mi cuerpo blando porque me salvó la vida.

Hoy no sucedió nada importante, por la mañana tuve la tentación de iniciar mi escrito con la frase: "Querido Diario", pero me contuve, los cangrejos debemos ser serios en la descripción de las pequeñas cosas que hacen grande la vida, por la tarde me puse a escribir pero no me inspiré, lo más trascendente que se me ocurrió fue narrar que aún no sé en qué día vivo y que por el calor que siento debe ser una estación de mediados del año donde los días son largos y las noches cortas.

Hoy llegó un idealista a la playa, cortó un pedazo de vara en la parte de la maleza que está pegada a la ribera y se aproximó hasta donde la arena comienza a endurecerse por el agua que curte sus litorales, con la vara escribió la palabra "humanidad" y esperó a que llegara un ola para que la borrara, entonces se fue lento hacia lo más retirado del entorno, casi llega hasta la Barra pero se detuvo antes, yo lo alcancé a ver caminando en la lejanía como una figura en claroscuro recibiendo los abundantes rayos solares que lo definían nítido en su físico y borroso en sus sueños.

Hoy vinieron unos niños con unos palos en forma de horqueta en uno de sus extremos, mis hermanos me dicen que huya porque traen la intención de atrapar cangrejos, vi como a unos cuantos de nosotros los inmovilizaron con la horqueta y les arrancaron la tenaza grande, escuché que platicaban que no había problema, que al cabo en un tiempo nos volvería a crecer, yo intenté por todos los medios de explicarles que no nos vuelve a crecer, que cuando nosotros mismos la soltamos para protegernos en caso de algún pleito, la otra tenaza se desarrolla y crece mientras que nuestra otra mano comienza a recuperarse con otra tenaza más pequeña, nos volvemos zurdos por culpa de la violencia, algunas veces, cuando nos arrancan la tenaza de forma inadecuada, morimos sin que nadie se preocupe por llevarnos al chilpachole de jaiba que se acostumbra en los poblados cercanos, nos dejan tirados en el suelo debido a que tenemos poca carne para consumir, lo más suculento de nosotros es la tenaza grande, me han dicho que es muy sabrosa para los humanos, estoy seguro de que tiene bastante fibra porque en las noches me cuesta trabajo levantarla y mantenerla en ese estado para poder entrar a mi abrigado refugio de más de un metro de profundidad.

En Europa el kilo de guanaja está cotizado a 70 euros, espero que su encarecimiento no provoque una cacería rapaz de nuestra especie, no quiero que nos vaya a pasar lo que les sucedió a los rinocerontes negros del África, que por andar germinando valiosos cuernos, su especie terminó en la extinción.

Ayer se me olvidó apuntar que a mí, los niños no me pudieron atrapar porque lanzaban su armamento hacia atrás, creían que era un cangrejo normal y nunca supieron que yo camino hacia adelante.

Lo anoto para que no se me vaya a olvidar, en uno de esos días en que tenga la inspiración necesaria, voy a escribir algo sobre los sistemas económicos en los que los humanos soportan sus ideales de vida, con esto quiero alertar a las personas despreocupadas por el deterioro medioambiental de lo que está sucediendo en el mundo vegetal y animal a causa de su avaricia depredadora, también prevenirlos de su propia eco muerte, por no llamarle suicidio.

Hoy me encontré un vaso de unicel en la playa, lo tiraron unos irresponsables que sabían perfectamente que el unicel tarda más de cincuenta mil años en degradarse, lo sabían y de cualquier manera lo compraron para "echarse un cafecito", además lo dejaron tirado por donde las tortugas salen a desovar, voy a estar al pendiente cuando las crías rompan el cascarón para ver si no se enredan con las minúsculas partículas en las que se descomponen este tipo de productos inútiles provenidos del petróleo.

Hoy en la noche vi a unos tipejos que se robaban los huevos que puso ayer una de las tortugas Lora que salieron a desovar, platicaban entre ellos que dizque eran afrodisiacos, ojalá se les pudra el chicloso para que sepan lo que sentimos los animales cuando nos roban a nuestros hijos, espero que la Tierra que protege la vida tome venganza por esa desnaturalizada actitud, por lo pronto les dije a todos los cangrejos que conozco, que vigilemos las costas para prendernos con fuerza a las nalgas de los depredadores y así evitar el decrecimiento natal de las tortugas.

A veces pasan cuidadores que llevan años luchando por la protección de toda clase de galápagos, nosotros se los agradecemos moviendo nuestras pinzas de forma que parezca que les aplaudimos, los cangrejos debemos corresponder y colaborar con ellos, sé que esto no es suficiente y que se requiere de la participación de toda la sociedad humanoide para absorber de los animales y vegetales la verdadera consciencia ambiental, pero es importante poner nuestro granito de arena para que modifiquen su manera de pensar, su modo de ver el progreso los está llevando a un suicidio colectivo y por consecuencia está extinguiendo a varias especies, nosotros hacemos todo por instinto y la evolución natural nos ha funcionado de una manera ejemplar, estas actitudes de unos y otros son las que se deberán inculcar en todos los habitantes del mundo en un futuro cercano por parte de las gentes inquietas por el desequilibrio medioambiental del Planeta.

Hoy se me entrampó mi pinza grande con una bolsa de plástico tirada en el camino real de los cangrejos, pienso que entre todos los animales debemos organizarnos para exigir a los humanos el respeto por los corredores de flora y fauna. Al sentir el aprisionamiento de mi exoesqueleto debido al plástico enredado, pronto solté la tenaza y me di cuenta otra vez de algo extraordinario, la pinza me volvió a crecer de inmediato en el otro lado, no puedo creer que me estén sucediendo ajustes sobrenaturales que a los demás cangrejos les lleva demasiado tiempo restaurar en su cuerpo, debo ser un súper cangrejo de los que aparecen en las historietas cómicas, nunca he comido carne de puerco y quizás mis células se están acostumbrando a los cambios activados por una alimentación sana, he oído lo que dicen varios crustáceos voluntarios que se han prestado a los experimentos científicos realizados en universidades de alto prestigio, me comentan que en los laboratorios a donde los han llevado también hacen experimentos con las bacterias, me detallan que a algunas de ellas les han modificado el acomodo en el que están dispuestos los genes de la reproducción y que al hacerlo sus hijos nacen con esta característica inducida, es decir, las células de sus críos se adaptan a las circunstancias pero sólo si son benéficas para su elemental desarrollo, si no, mueren.

Hoy oí una discusión entre un matrimonio de jóvenes en la que el marido decía a la mujer que no le gustaba su comida, que prefería los alimentos que su madre le había guisado durante toda la vida, entonces me acerqué a ellos para intentar explicarles lo que aprendí ayer, comencé por decirles que eso no era motivo de discusión, que su preferencia se debía a la conformación de los genes de las células salivales que definen el gusto por ciertos productos que el marido probó en su infancia y juventud, esas células se habían adaptado en su organismo a ese tipo de cocina y era difícil intentar rehabilitarlas, lo que debían discutir era como después de casados iban a manejar la fuerza de voluntad para permutarlas, lo anterior para que la duplicación de las moléculas nacieran con características más acordes con la comida que preparaba la esposa; a los dos se me figura que ya los había visto, se me hace que son los de la boda que describí en el capítulo anterior, obviamente ni caso me hicieron, intentaron atraparme para guisar un exquisito platillo que les gustara a ambos, desafortunadamente para ellos y afortunadamente para mí, me les escapé y puedo seguir escribiendo, si me hubieran cazado, ellos estuvieran disfrutando de una suculenta jaiba a la diabla y el libro se habría terminado en el párrafo anterior, definitivamente ustedes ya no hubieran podido leer las experiencias que vienen después.

Quizás por eso hay tantos altercados en los restaurantes, a nadie le gusta la preparación de los platillos cocinados de alguna forma peculiar, los clientes siempre creen que ellos los cocinarían mejor.

Lo sucedido el día de ayer me hizo cavilar sobre la inteligencia humana, me puse a reflexionar si esta es producto de una mutación auto-inducida al atreverse a caminar sobre dos pies y dejar las manos libres para modificar el medio natural de sus alrededores, o si es producto de un proceso evolutivo que llega al declive de su hipérbola, en cualquiera de los dos casos el problema principal para todos los organismos vivos, es que el Planeta en que vivimos los humanos lo han modificado con sus garras direccionadas hacia el perjuicio de ellos mismos, con su actitud depredadora nos están llevando al baile entre las patas del caballo a todas las especies, al tener las dos manos libres, se han dedicado a construir puras armas de guerra para luchar y matarse por una hegemonía que nunca van a alcanzar, su sistema de competencia los ha hecho cada vez más ambiciosos y como no tienen comercio con otros mundos, invaden naciones para extraer lo que pueden sin pensar en el daño que ese estilo de vida les causa a sus propios hijos, seres indefensos que dependen del equilibrio medioambiental para superarse dentro de un entorno saludable y al cual los adultos han transformado dejándolo en puros sueños. Los animales aborrecemos ese estilo de vida, nos ayudamos de una manera simbiótica para mejorar un transcurso instintivo que nos eleva de forma colectiva a ser protectores de la cuna planetaria que nos da de comer, nosotros no pateamos el pesebre, en el mundo todo está interconectado, si cuidamos la Tierra, la misma Tierra auto-regula sus procesos para proteger la vida, así nos mantenemos en un estado de adelanto constante que obtenemos sin dañar a otras especies.

A veces me pregunto si en el caso de que los cangrejos hubiéramos sido venenosos o más feroces, si esa actitud agresiva nos hubiera dado la posibilidad de reproducirnos en exageración para someter a las demás especies, lo reflexiono y me doy cuenta de que cada especie incluyendo a la de los humanos, tiene un nicho ecológico adecuado por la biosfera, un nicho en el que se puede reproducir con honestidad y salud, ninguna especie puede ni debe alterar esa condición natural sintiéndose superiores a otras, nadie debe inventar productos químicos nocivos y matar a sus semejantes para convertirse en dominador de la naturaleza, esto repercutiría en su propia extinción porque los animales que se alimentan de terceros se propagarían de forma exagerada y acabarían con las demás especies, lo mismo sucedería con los animales de los que nos alimentamos nosotros aunque en sentido inverso, alteraríamos todo el orden natural establecido en millones de años únicamente por creernos mucho más que los demás.

Me gusta ir a la bocana, hoy me llevé una hoja de papel amate que me encontré tirada bajo una palmera y los colores vegetales que preparé hace varios días, los tenía guardados en mi refugio y ya se estaban secando, ya no quiero hacer el abstracto que tenía pensado sobre la evolución del universo, ahora más bien quiero hacer un collage que retrate a la Bocana en su plenitud, los cangrejos estamos imbuidos del reciclaje de basura que debe existir en el mundo y estoy cuidando de canalizar hacia esa actitud mi intento por el resultado estético de una obra de arte, estoy tratando de elaborarla con puros productos de desecho, empiezo por buscar un enmarque interesante que le de profundidad a mi obra, descubro una zona donde los manglares abrillantados por el sol contrastan con el verde seco del fondo y la plasmo de inmediato en el papel con una combinación secreta de los colores primarios que se utilizaban antiguamente, luego encuentro una tapa de corcholata de un refresco carbonatado, le quito el corcho que se obtiene de la corteza de ciertos árboles y es biodegradable, lo demás lo aplano y lo pego en la parte superior para que simule al sol, sus orillas definen perfectamente la grandiosidad y la exuberancia de los rayos solares, mido la sección aurea y coloco unos carretes de hilo que estaban en los cajones de una máquina de coser vieja que unos irresponsables tiraron en la orilla de la brecha, los amarro con unos hilos verdes y amarillos y simulo unos árboles estilizados que le dan una proporción selvática a mi cuadro, me hace falta conseguir unos trapos azules para mezclarlos con el índigo añil que ya tengo listo, necesito darle la dimensión náutica que requiere una obra de esta naturaleza, mañana me los traeré de la casa de costura de la comunidad.

Hoy voy al taller de costura y veo los pedazos de unos pantalones acampanados que traen hasta figuras de nubes, están ideales para representar el estero, son de color azul y verde con blanco, parecen de los que se usaban en los años sesentas pero no me importa, mi cuadro quedará perfecto, lo firmaré y le pondré el título de "La Bocana pintada por un Cangrejo", lo llevaré a la imprenta y mandaré a hacer bastantes copias para enviarlas a Suiza, lo anterior para que cuando la gente se haya extinguido por las alteraciones meteorológicas causadas por la necedad de su ambición, los sobrevivientes conozcan el esplendor de los lugares que dejaron perder en aras de un enriquecimiento bioéticamente ilícito, así sabrán que en los espacios dónde estaban los manglares protectores de la vida, se construyeron hoteles que en un futuro serían ruinas inservibles.

Hoy me la pasé de hueva, ¡NO!, no de la hueva que incuban los pescados y que los humanos aprecian como caviar, me la pasé aflojerado pensando en cuál es el propósito de mi existencia, cuál es el motivo por el cual vivo, camino hacia adelante y cuando la suelto, mi pinza me vuelve a crecer de inmediato, estas características no las tiene ningún otro cangrejo y debo pensar para que me fueron otorgadas a mí, un simple cangrejo violinista de los que hay millones, yo, al igual que todos los animales, definitivamente no creo en Dios, pero hay algo que me impulsa a orar para precisar y explicarme por qué tengo esos dones, todos los cangrejos me dicen que no sea ñoño, que aproveche esos regalos de la naturaleza para auto-postularme líder único de los cangrejos y que me prepare para dirigir una revuelta en contra de los humanos que han disminuido a nuestra especie, pero yo les digo que esa actitud no nos va a llevar a ningún lado, que ya lo intentó un tal Moisés y lo único que logró fue consolidar un mundo de guerras y luchas por un elemento nefasto para el equilibrio ecosistémico llamado "petróleo", con base en ese elemento se diseñó una política monetaria que ha extinguido a numerosas especies, definitivamente, aunque yo no tenga la vocación con la que se postulan algunos líderes carismáticos como los leones, estoy convencido de que los animales deberemos organizarnos en un futuro próximo para declarar la guerra al grupo de humanos que se han enriquecido exageradamente a nuestra costa.

Hoy estuve detallando algunos principios éticos en los que deberemos soportar nuestro pensamiento revolucionario cuando se desaten las manifestaciones pacíficas en contra de los humanos depredadores, leí algunas hojas de un diario que me encontré en el piso de una regadera que rentan a los turistas, está todo desojado pero pude integrar más o menos el sentir de un guerrillero argentino que luchó en Bolivia para liberar a ese pueblo del yugo de la economía de mercado, su lectura me inspiró para sintetizar la ideología de los artrópodos, la paz debe ser producto de la justicia ambiental, no somos ni de izquierda ni de derecha, somos partidarios de la economía circular con la que la evolución natural ha construido un orden perfecto en la naturaleza, nuestros ancestros nos han dicho que antes de la aparición del ser humano, el Planeta estaba sano y se vivía en armonía con la biósfera y con las demás formas de vida, las catástrofes estaban reguladas por la misma Tierra para que pudiera surgir la vida inteligente, el problema actual es que esa inteligencia, los humanos la han utilizado para matarse entre ellos y enriquecerse asesinando animales y plantas, no es posible continuar con este tipo de relación entre los seres aeróbicos del Planeta, se lo han acabado, está agotado y ya no da para más, nosotros estamos conscientes de ese daño y vamos a comenzar a luchar para exigir que el petróleo se deje bajo tierra, estamos seguros de que vamos a continuar viviendo y evolucionando tranquilamente dentro de ese orden natural perfecto, pero vamos a exigir a los humanos que antes de que la naturaleza los elimine de su entorno, nos dejen un mundo equilibrado, tal como estaba antes de su irrupción en esta grandiosa ponderación regulada por la vida y por la misma Tierra.

Hoy me encontré varios libros que el mar arrastró hacia la playa, entre ellos venía una Biblia impresa por un tal Gutenberg, estaba toda empapada, abriendo sus páginas alcancé a leer algunos párrafos y comprendí que la sobrepoblación de los humanos, se debe a la importancia divina que le dan al versículo que dice: "fructificad y multiplicaos; llenad la tierra y sojuzgadla, y señoread en los peces del mar, en las aves de los cielos, y en todas las bestias que se mueven sobre la tierra". Este versículo les forma la errónea idea de que son superiores a cualquier creatura del universo, no sé quiénes escribirían semejantes tonterías, ya se multiplicaron exageradamente y la Tierra nunca debe ser sojuzgada so pena de ser eliminados por ella de su equilibrio natural, además ni los peces ni las aves ni los cangrejos somos sus esclavos.

Hoy sigo clasificando los libros que me encontré en la playa y los coloco en unos anaqueles que construí en mi refugio, entre ellos vienen algunos raros y antiguos, hay uno que me llamó la atención, se trata del manuscrito Voynich, un libro lleno de simbolismos que nadie ha leído jamás porque viene en un lenguaje cifrado que nadie sabe descifrar, trae 113 especies de plantas que nadie ha conocido nunca, diagramas astrales que ningún astrónomo ha identificado por medio de telescopios y por lo mismo aún no se han descubierto, en sus últimas páginas trae varios dibujos de mujeres desnudas, se me hace que el escritor fue un robot insensible que se trasladó al pasado y nos dejó esa herencia para esperar a que llegue la época en la que él mismo nos pueda desentrañar el código de su lectura, lo más probable es que nos revele que la especie humana legalizó la eutanasia para tener una decadencia digna sin el contubernio de las demás especies que lo acompañaron en el leve transcurso de su existencia.

Hoy leí más libros, no quiero nombrar sus títulos porque para mí, un simple cangrejo violinista que nunca ha ido a la escuela, todos son novedosos y me ayudan bastante a continuar con este diario, sin embargo puedo presumir que en el corto tiempo que tengo de vida, la sabia naturaleza me ha enseñado a vivir con plenitud todos los instantes de los que he disfrutado, y lo ha hecho de una forma tan ostensiblemente enigmática, que nadie la podría comprender nunca.

Hoy supe de un cangrejo poeta que venía de Europa y daba una conferencia en el pueblo, fui a la Sociedad de los Poetas Crustáceos y me registré para escucharla, el recinto tenía un letrero a la entrada que decía: SPC "la entrada cuesta una antena sensorial", entonces me imaginé que el conferencista debía ser descendiente del cangrejo estepario, traía puesta una boina del estilo del "Che" y se dejaba crecer un poco los pelos que nos salen bajo la boca, el tema era sobre la intención en la escritura y comenzaba diciendo que para escribir poesía se debía plasmar con las palabras un estado de ánimo más allá del bien y del mal, no era conveniente convertirse en un dechado de virtud que nos llevara a escribir sermones versificados de superación personal, las palabras debían surgir espontáneas con un profundo sentimiento de compromiso hacia las causas sociales, de otra manera no llegarían a la población sensible que se refugia en su lectura, si se hablaba de política, había que ir más adelante de los sistemas económicos fracasados, me pareció excelente su disertación y al final le pedí su autógrafo, entonces me di cuenta de que sus tenazas eran del mismo tamaño, no me importó, los cangrejos homosexuales también debían tener cabida en la intelectualidad de los animales, incluso en la naturaleza hay crustáceos hermafroditas.

Hoy remodelé mi refugio, colgué mi obra maestra: "la Bocana pintada por un cangrejo", arriba del estante de los libros y traje un crítico de arte cangrejero para que la valorara, me dice que actualmente su valor es solamente sentimental, pero que cuándo se extingan los seres humanos, su valor emocional se va a disparar en millones de billetes virtuales tasados en convulsiones nostálgicas.

Quiero conocer el Universo, me gustaría aventurarme por lugares inaccesibles donde haya cangrejos piratas y reinos de princesas jaibas, adentrarme en los espacios jamás pisados por ningún otro ser vivo, saber lo que hay dentro de los agujeros negros y en las galaxias aún no descubiertas, luego me arrepiento y separo los sueños de los deseos, advierto que en la Tierra tenemos todo lo que queramos idealizar y no lo hemos apreciado, tenemos biodiversidad, selvas, mares, tierra y aire, todo conjuntado en un orden perfecto imposible de encontrar en la vastedad del vacío sideral.

Hoy me atrevo a escribir en mi diario que desde la Tierra podríamos conocer la absoluta excelsitud del Cosmos, incluso hasta la constitución de una mínima biopartícula que se haya generado en cualquier Galaxia lejana, los elementos son los mismos y lo que sucede arriba sucede abajo.

Hoy abrí una enciclopedia que habla sobre la biodiversidad selvática, en ella encontré un tratado de herbolaria que cura todas las enfermedades que padecen los humanos, la voy a esconder para que nunca sepan que como especie pueden llegar a ser inmortales, es de lo más sencillo, únicamente requieren prevenir en lugar de corregir.

Para las convulsiones del clima la enciclopedia muestra datos interesantes, presenta cifras escandalosas sobre lo que se gasta para corregir los desastres causados por el calentamiento global del Planeta, dice que estos desastres pudieron haberse evitado si se hubiera invertido en la prevención, la centésima parte de lo gastado en la corrección, habla de trescientos cuarenta y cuatro mil millones de euros anuales.

Hoy aprendí a volar

Estaba yo muy quitado de la pena viendo como una familia que vino de Guadalajara preparaba unas tortas ahogadas, cuando un halconcillo con estrabismo me confundió con un pez, me atrapó con sus garras y me elevó por altitudes que nunca había visto, por más que quiso introducir sus uñas en mi exoesqueleto, no pudo causarme ninguna herida, él pensaba que tenía un pescado entre sus garras y se esforzaba por sentir la carne blanda que cubre a los peces, nunca supo que yo era un cangrejo y que mi carne blanda está bajo la cobertura de la concha que nos protege.

Mientras me llevaba a su nido yo contemplaba el panorama desde arriba, vi montañas con nieve y sentí la neblina que generan las nubes, vi el mar desde lo más alto, algo que ni desde los aviones se puede apreciar en todo su esplendor, me han dicho algunas alimañas que van de polizones, que la vista en los aparatos voladores está limitada por unas pequeñas ventanas.

Una vez vinieron a la playa unos ancianos y estuvieron platicando sobre cómo uno de ellos consiguió el dinero para financiar el primer vuelo de todos sus amigos, decía que su papá tenía una tienda y cuando se la encargaba para dormir la siesta, le pedía que se escuchara el sonido de las monedas al caer en el cajón de los centavos, entonces él aventaba con fuerza las monedas para que produjeran mucho ruido y las cachaba en el aire cuando rebotaban, así logró reunir lo que cobraba el aeroplano por darles una vuelta, "fue algo increíble" —platicaban después todos sus amigos—, decían que fueron de los primeros en su país en subirse a un avión.

No sé qué tan real fue el relato de los ancianos, pero de lo que sí estoy seguro es de que yo fui el primer cangrejo que tuvo una visión global de todo el entorno donde habito, en la vida había visto un espectáculo tan halagador, mi visión es siempre de abajo hacia arriba, veo las cosas desde un punto de vista limitado por cualquier piedra que muevan los animales más grandes y lo que capté el día que me atrapó el halconcillo, fue un recuerdo que permanecerá en mi memoria todo el lapso de vida que dure en este mundo, dicen que "no hay mal que por bien no venga" y ahora estoy convencido de ello, al principio me dio un poco de miedo, creí que mi corta vida se iba a ver truncada en el instante en que me atrapó el ave de presa, pero cuando sentí que no me podía hacer daño y vi la Tierra desde el Cielo, supe que mi integridad estaba segura, entonces me puse a pensar desde el aire en que la intuición y la experiencia son el origen del conocimiento, sé que tengo algunas características adquiridas que me hacen un mejor cangrejo que los demás, pero debo ser humilde y ayudar a los de mi especie —e incluso también a los que no son de mi especie— para que aprendan a mantener el equilibrio saludable de los espacios que nos otorgan la posibilidad de vivir más tiempo en esta maravillosa existencia.

Al final de cuentas el halconcillo ni siquiera me llevó a su nido, al saber que no podía comerme, me soltó en una isla de basura que los humanos con su nefasta sociedad de consumo, han construido en el mar, islas horribles que abundan en todos los océanos y bañan con sus residuos las blancas arenas de las aguas azuladas de varios continentes.

Hoy aprendí que la experiencia también tiene su lado triste y hay que sentir esa sensación para poder apreciar la felicidad, me encuentro en una isla bastante grande llena de inmundicia en la que no puedo caminar ni para adelante ni para atrás ni para arriba ni para abajo, me resbalo con los plásticos que la conforman, la vi desde el aire cuando el halconcillo que me atrapó me soltó de sus garras.

Me sumerjo para ver si puedo nadar bajo la porquería y me doy cuenta de que la isla también es bastante profunda, en lo más hondo a lo que pude acceder, hay una especie de medusas enormes y monstruosas que comen carroña y se desplazan expulsando el agua sucia que absorben, a mí me lanzaron su asquerosidad de desecho y me causó un tipo desconocido de hinchazón en mi carne blanda, la cual se apretó contra mi concha y me causó un dolor insoportable, en la playa donde vivo he oído que les llaman "aguas malas", pero allá son mucho más pequeñas de las que habitan aquí y sus excrementos no son tan dañinos para los animales que vivimos en ese ecosistema saludable.

Hoy me dedico a planear mi regreso, va a ser muy difícil volver al lugar donde mi madre enterró mi ombligo, ¡perdón, no es cierto!, los cangrejos no tenemos ombligo, somos ovíparos y nuestras madres depositan los huevos en el agua dulce o salada, depende de la subespecie de crustáceo, así nos transformamos en larvas durante los primeros días de existencia, sin embargo me gustó la frase del ombligo para plasmarla en el diario de mis aventuras y sin corregirla, la escribí sobre los márgenes del papel para publicarla posteriormente en un libro autocrítico de mi vida que titularé: "Diario de un cangrejo en peligro de extinción".

Mi madre me dijo una vez que las corrientes marinas siempre dejan basura en las playas donde vi por primera vez la luz del sol, hoy me aferro a dos botellas de refresco engarzadas entre sí para deslizarme por el océano y ver si logro llegar a mis areneros dominios, no sé cuántos días estaré en el mar, quizás en el trayecto me trague alguna ballena y aparezca en Grecia junto con otros miles de objetos de plástico desechados por el hombre y devorados por ella, estoy consciente de todos los peligros que me acechan y debo arriesgarme para retornar con mis seres queridos, la corriente del Golfo es una corriente termohalina y fluye bastante rápido por los océanos del mundo, quizás en unos tres días estaré de nuevo en mi ecosistema protector, mientras, escribiré las páginas que dejé a propósito en blanco para describir las dolorosas emociones que me inundan cuando veo a personas avariciosas dedicadas a perturbar el orden protector de la vida establecido en la naturaleza, en otros términos, a personas que al tirar basura construyen otros espantosos continentes.

Hoy fue un día difícil, no hay alimento cercano y tuve que probar del plástico de las botellas para sentir algo sólido en mi estómago, sabe espantoso, incluso fue un desagradable estremecimiento para mis tenazas que lo prendieron sin preguntarme de que se trataba, fue un impulso instintivo causado por el hambre, no entiendo como los humanos fabrican supuestos "alimentos" inorgánicos a los que solamente les falta un átomo para convertirse en plásticos.

Voy navegando en mi barco de botellas y veo miles de piezas derivadas del petróleo que flotan sobre las olas, en algunos tramos veo más plásticos que peces, las ballenas abren la boca y se tragan todo lo que encuentran, su intestino no puede asimilar lo artificial y a veces se llenan de productos inútiles que les generan trastornos digestivos, varias de ellas ya desesperadas, se avientan a las arenas cercanas para morir dignamente junto a los ancestros que las empujaron al mar, tienen una inteligencia magistral moldeada por el aire limpio que respiran constantemente al salir a la superficie del agua y saben que sus ascendientes debieron regresar a la seguridad marina cuando se impactó un enorme aerolito en la Tierra, con sus melodiosos cantos evocan los tiempos de sus antepasados y les rinden respeto.

Continúo mi travesía por los océanos, hoy vi a varios cruceros turísticos que pasaron cerca de donde me arrastran las corrientes, les hice señas para que se detuvieran y en cuanto estuvieran parados, intentar subirme para ver si me daban algo de comer, ni siquiera se inmutaron.

Estoy consciente de que ningún barco va a variar su ruta para rescatar a un triste cangrejo que viaja solitario en el mar alojado sobre dos botellas de plástico, pero por lo menos me hubieran saludado, es más, ni siquiera voltearon a verme, se pasaron de largo y me lanzaron toneladas de inmundicias que desechan las personas que van a bordo, son barcos grandes que por la velocidad a la que navegan, no se detienen a presenciar la inmensidad del océano que cobija la esplendorosa biodiversidad marina, solamente miran a los delfines que nadan junto a ellos y nada más lo hacen cuando los cetáceos les hacen saltos circenses.

A veces también transitan barcos chicos y veloces, veo un bote rápido y pequeño que cruza cerca de donde voy, en cuanto pasa alcanzo a sujetarme al estribor del mismo, tengo la esperanza de que me traslade más pronto a mi destino, llevo varios días a la deriva y ya extraño mi manglar.

No sé si mi prospectiva de vida se vaya a cumplir, el barco de repente toma una dirección contraria de la ruta prevista y llega en un instante a Tabasco, este si era un barco veloz, se mete por el Rio Usumacinta y se detiene en un extraño muelle temporal hecho con tablas rústicas, los tripulantes comienzan a subir unos paquetes que contienen un polvo blanco y yo me suelto antes de que empiecen a tirar balazos, me interno en la selva lacandona para buscar algún guía que lleve un morral en su hombro, un mentor con una alforja a la que pueda introducirme para salir del intrincado enjambre de árboles.

En mis andanzas por la selva conozco a los jaguares, a los venados, a los monos, a las guacamayas, a las mariposas monarcas y a innumerables animales que ni siquiera sabía que existían, estuve dos días apreciando la diversidad de especies que hay en las junglas, antes de decidirme a caminar hacia algún refugio de los que abren los cazadores para subsistir en caso de perderse.

Llego al claro de la selva ya casi de noche, es una noche oscura, la luna es de cuarto menguante y casi no se ven las estrellas, no le tengo miedo a la oscuridad, los cangrejos la buscamos por instinto, de lo que tengo temor es de que a algún narcotraficante hambriento se le antoje una pulpa de jaiba al mojo de ajo y me aferro al deseo de supervivencia, ojalá viniera Tarzán a rescatarme.

Permanecí varios días aburrido comiendo del alimento y bebiendo del agua que dejan obligadamente quienes llegan a los oasis con el fin de que sobrevivan los extraviados, luego de esas jornadas escuché un ruido extraño, era un enorme tractor con una placa de metal adelante que tumbaba todo lo que le ponían enfrente, todos los animales huyeron hacia lo más enmarañado de la selva y buscaron salirse del "progreso" que proclamaban los topógrafos que dirigían las máquinas, las especies menores no pudieron salir a tiempo y varias murieron en el intento, vi arañas, lagartijas, ranas, conejos y uno que otro zorro temblando de terror ante el estruendo del artefacto que los aplastaba, yo me protegí metiéndome atrás de unas piedras lisas que estaban unas sobre otras perfectamente bien acomodadas y formaban la base de una pirámide, creí que los operadores iban a respetar ese santuario construido por los pueblos antiguos y le iban a dar la vuelta para reportarlo al INAH, me equivoqué, arrasaron con todo lo que había y no dejaron ninguna huella del historial biológico y cultural que representaba ese contorno particular de la selva, corrí presto hacia otro ambiente diferente de la espesura selvática y apenas pude evadir las orugas de los tractores, encontré un acantilado del que me lancé a un escurridero que me llevó otra vez al río, me deje arrastrar por su caudal hasta el mar y en mi trayecto todo me daba vueltas, no comprendía como era posible que los humanos no entendieran que en esos follajes se encuentran todas las medicinas que curan sus enfermedades, pero en fin, con su salud lo pagarán, el río era turbulento, en un momento en que estabilicé mi avance, vi a unas pirañas devorando un cadáver que tenía un polvo blanco en la nariz y un tiro de gracia en la frente.

Hoy empecé a caminar por toda la costa, a veces entro en la desembocadura de los arroyos que se me atraviesan en mi camino y saludo en los esteros a otras especies de cangrejos, existen muchísimas y todas me regalan alimento y me dan pistas para corregir mi ruta, platico con ellos tamborileando mis garras y batiendo mis tenazas para darme a entender más fácil, me interesa el cangrejo azul porque se creen mucho, manejan en contra de nosotros un grado de racismo que me exacerba los ánimos, a veces pienso que a esa especie debieron bautizarla como "Cangrejus Hitlerianus Trumpista Bolsonaris", todos son de un color azul medio bastante raro, me junto con ellos porque saben mucho de nuestra especie, son de los primeros cangrejos que evolucionaron hacia la perfección hace millones de años, conocieron especímenes primigenios que no tenían patas, son descendientes directos de los extintos trilobites y son muy buenos conversadores, casi al llegar a mi hábitat recapacito y me doy cuenta de que fueron amables conmigo, siempre se manejaron con bastante optimismo y nunca me dieron señales de alguna mentira en mi recorrido, hice bastantes amigos en el camino y quedamos en escribirnos para estar al tanto de las noticias que puedan comenzar a diezmar a nuestra especie, por todos lados se escucha el rumor de que los humanos han abierto más fabricas que se impulsan con carbón y esto está exagerando exponencialmente el cambio en el clima de la Tierra, lo cual provoca estragos descomunales entre varias especies vulnerables.

Llego a Catemaco cerca de la región de los Tuxtla, me voy a explorar una reserva ecológica que dicen es magnífica, su nombre es Nanciyaga, está pegada al lago y hay lugares excelentes para turismo cangrejero, contrato a un guía y me lleva a conocer las cascadas y la isla de monos, hay macacos tailandeses a los que les advierto del deterioro ambiental que están causando los hombres, los aparto de los turistas y les digo en secreto que si en tiempos futuros prende la revolución en contra de los humanos depredadores, deben jurarme que estarán con nosotros, son muy buenos para pelear y necesito estar seguro de contar con su participación en cualquier momento, por la tarde aprovecho para darme una limpia, las cosas no me salieron muy bien en la selva y requiero eliminar las malas vibras que corren por mi exoesqueleto, voy con un cangrejo brujo y me aporrea con unas ramas de pirul dizque para quitarme el "mal de tenaza", luego voy a un restaurante a probar la "carne de mono", me meto a la cocina y pruebo un poco de la que se les tira a los cocineros, les digo que no engañen a los comensales, es carne de cerdo aderezada.

Hoy pasé por Tlacotalpan, un pueblo patrimonio cultural de la humanidad a orillas del Río Papaloapan donde dicen que nació Agustín Lara, independientemente de si nació o no ahí, el lugar es maravilloso, todas sus construcciones son de un estilo neoclásico con un toque jaranero propio del Estado de Veracruz.

Estoy en el Puerto de Veracruz, quiero admirar el Fuerte de San Juan de Ulúa, un lugar lleno de expectativas y relatos fantásticos, ahí estuvo preso Chucho el Roto, el hombre que robaba a los ricos para ayudar a los pobres, cuenta la leyenda que se escapó dos veces de sus tétricas celdas construidas con el sacrificio y la colaboración de nuestros hermanos corales, los castellanos inconscientes los hacían ladrillo para levantar las paredes, también estuvo La Mulata de Córdoba, una hechicera que huyó en un navío dibujado con un lápiz labial maldito que solamente obedecía sus órdenes, quizás los corales en donde dibujó su barco tuvieron algo de participación, igualmente los guías de turistas narran que el lugar fue tomado varias veces por piratas y filibusteros, no lo dudo, desde su tumba John Hawkins, Francis Drake y Laurent de Graff "Lorencillo", lo deberán corroborar en el juicio final.

No me gusta ir a los zoológicos porque pienso que los animales deben tener su espacio natural en el que puedan aprender de los demás y no depender de los seres humanos, el Acuario de Veracruz me hace cambiar de opinión, tiene un entorno diseñado como si fuera el mismo mar y agua suficiente para que los animales no extrañen su hábitat, hasta me bañé en varias de sus vitrinas, luego fui a las áreas administrativas y le propuse al director del acuario que construyera un cangrejario para que varios paisanos pudiéramos vivir ahí como reyes, y si fuera posible también me contratara como administrador y encargado de calificar las multas aplicadas a los colectores de guanajas en tiempos de veda.

Hoy pasé por un lugar llamado Laguna Verde que está cerca de Palma Sola, me dicen algunos crustáceos vecinos que es una planta que genera energía nuclear a la que el gobierno le llama "energía limpia", la verdad no estoy tan seguro, quizás no emitan gases de efecto invernadero, pero los desechos de la energía radiactiva, para los que la naturaleza tarda millones de años en neutralizar sus efectos, multiplican su peligrosidad y no hay en el mundo lugares suficientes y seguros para enterrarlos, además de que con la espinosa investigación nuclear han sucedido importantes accidentes que han dejado comarcas contaminadas en donde siguen muriendo miles de gentes, que alejados lo más que pueden de las plantas, quieren restablecer su vida normal luego de los percances, los más conocidos son los de Chernóbil y Fukushima.

En lo personal y por eso lo escribo en mi diario, yo pienso que es en las estrellas en dónde se dan este tipo de explosiones atómicas y con esto se inicia la evolución y la mejora de la vida, sería más conveniente conservar estos procesos atómicos tal como están en el universo, que intentar reproducirlos en lugares cósmicamente vulnerables como la Tierra, total, la energía se puede obtener del sol, de las mareas, del aire y hasta de la misma Tierra, que si se estudiara el dispositivo electromagnético que funciona con la rotación del Planeta, se podrían encontrar movimientos perpetuos sin necesidad de impulsos perjudiciales para el medio ambiente, el universo en sí es un productor de energía inconmensurable, es una bomba nuclear sin precedentes, ¿Para qué crear otras?.

Recorro las playas de Costa Esmeralda viendo la gran cantidad de hoteles y restaurantes que hay en la zona, no entro a ninguno porque todavía estoy regurgitando los plásticos que me comí en el océano y no quiero vomitar, a pesar de que los cangrejos tenemos los dientes en el estómago, ni con los ácidos que le estoy mandando y las tasajeadas que le he martillado, puedo deshacer la bazofia, las botellas de PET tardan más de mil años en descomponerse totalmente, pobre de mi estomagito.

Por fin estoy otra vez entre los míos, me da gusto regresar a la bocana y a los manglares, hogar dulce hogar, mi familia me preguntó que adonde había ido y yo les conté de mi aventura en la selva, ellos no conocen la selva y me cuestionan intrigados que como son los changos, los jaguares y los venados, no creían que un simple halconcillo me hubiera llevado volando hasta lugares tan inaccesibles para los animales que vivimos en las playas.

Hoy me dediqué a restablecer los contactos que perdí durante mi aventura por la selva lacandona, por sus pláticas me doy cuenta de que tratan de ocultarme la apertura de varios lugares destinados a la venta de bebidas alcohólicas, parece ser que el nuevo presidente municipal ha recibido sobornos a cambio de otorgar permisos a diestra y siniestra, desgraciadamente en esos establecimientos dan de botana las manos cocidas de compatriotas que nos han acompañado en nuestro devenir vivencial y es una pena que algunos hayan muerto, los supresores de manos no saben cómo desencajar la tenaza que nos vuelve a crecer y nada más se dedican a extirpar lo que sea para sacar unas monedas y seguirse embriagando, ya entrados en gastos y al calor de unas cuantas gotas de pulque que consiguió un conocido, mis amigos me confesaron que a varios de mis hermanos y parientes próximos, los habían capturado con todo y cuerpo y no sabían si a estas alturas ya estarían en el caldero del chef.

Hoy me preparo para en los próximos días ir a rescatar a mis hermanos, antes que nada debo planear estratégicamente las circunstancias para no caer en el juego de los improvisados políticos que defienden a los cantineros porque dizque les dan empleo a los briagos, ¡mentiras!, es un contubernio entre ambos, unos reciben su mordida y otros abren establecimientos en los que solamente se genera vicio, prostitución y violencia en contra de los animales, he visto a borrachos saliendo de las cantinas que patean perros solamente porque les ladran, yo no soy ningún redentor de los desprotegidos, pero no me gusta como algunos humanos cambian su comportamiento con un solo trago de aguardiente, debido a esas transgresiones a los derechos de los animales que se han efectuado durante siglos, les pido a mis amigos que me ayuden a rescatar a todos los carnales de raza dándome los nombres, el pedigrí y la subespecie a la que pertenecen los desaparecidos, no lo hago por venganza, lo hago para ejercer el instinto de ayuda mutua que poseemos los animales.

Las cantinas

Hoy fui a rescatar a mis hermanos, no me tocó defenderlos cuando los levantaron porque las circunstancias me orillaron a deambular por los aires, a resbalarme por las islas de basura y a extraviarme por las selvas enmarañadas, no dependió de mí el haber podido cambiar esas circunstancias, de haber sabido que andaban varios cantineros rondando por nuestros arenosos barrios, me hubiera sujetado de cualquier otro barco que llegara rápidamente a mis lares por algún atajo marino, pero como no traían letrero, no supe ni a cual barco me agarré, pasó uno que decía "Titanic, esta lancha ni Dios la hunde" pero me dio miedo sujetarme, no fuera a ser que se estrellara con algún macizo plástico de los que abundan en los cochineros de basura que dejan los hombres.

Estuve naufragando durante bastantes días y ya no estaba tan seguro de si iba a regresar, sin embargo dentro de las desgracias siempre sale algo positivo, ayer mis amigos me dijeron que consiguieron un censo de los tugurios donde suelen dar botana de cortesía y sirven unas exquisitas guanajas con chile, a veces también atrapan hasta a las hembras para hacerlas chilpachole y atraer más clientes, el único problema es que a mis hermanos los capturaron en tiempo de veda y eso está prohibido por todos los reglamentos ambientales del mundo, de hecho por cuestiones éticas también deberían soltar a las hembras, pero la ética de los humanos hacia los animales no existe, algunos de esos cantineros transgredieron las leyes y tendrán que pagar por su delito, nosotros nos encargaremos de eso, me canso ganso.

Entramos en la primera cantina que vemos, sé que es una cantina tradicional porque la barra tiene escupidera y un tubo de acero para descansar el pie, junto a ella hay varias mesas de madera con las patas torneadas y la cubierta de formica para alojar a cuatro personas, en una de las mesas hay un borracho semidormido que tiene una botella de tequila medio vacía, canta "el abandonado" y pide al guitarrista le toque más canciones de mujeres malas, en otra los parroquianos juegan dominó y se escuchan los clásicos gritos al poner una ficha: "el pito", "el duque", "a cuacos", "aceites y lubricantes", siempre terminan dando clases al compañero: "que no viste que yo llevaba la mano, te mandé dos seises al principio y me los tapaste", "es que no traía pitos" —gritan enojados por el fragor del alcohol—, "otra ronda cantinero… y traite más guanajas…", al oír esta frase el grupo de rescatistas salimos disparados rumbo al cesto de la basura, ya no escucho la terminación de la oración que obligadamente debió ser una grosería, no me fijo en las demás mesas en las que bailan al son de los huapangos y discuten de futbol, los temas son sobre la sapiencia de algunos jugadores que en el mundial pasado burlaron en un palmo de terreno a más de tres del otro equipo. Al llegar al jardín que utilizan de patio, vemos con desagrado que el área verde está extinta, también veo con agrado que dieciocho de mis hermanos están vivos, el cocinero únicamente les arrancó la tenaza y tiró el cuerpo, les digo que nos vayamos de inmediato antes de que se terminen las guanajas y agarren a los sobrevivientes para hacer un caldo, me hacen caso y también se apuntan varios primos que aún no conozco, salimos rápidamente de la cantina y estando afuera me comentan que otro cantinero se llevó a los que mi madre desovó después de nosotros, que su tugurio está cerca y que vayamos a ver si aún los encontramos con vida, los primos desconocidos nos dicen que ellos están dispuestos a morir para completar la hazaña, me halaga la solidaridad patente que se exterioriza en los sentimientos de cualesquier cangrejo, nos trasladamos a la siguiente cantina, es un establecimiento moderno donde acuden mujeres y venden la cerveza de barril al estilo de los pubs irlandeses, su barra es de mármol blanco de Carrara, ahí separan los desechos y nos cuesta trabajo definir el bote donde se encuentra la basura orgánica, por fin lo encontramos, pero ya mis otros hermanos eran puras conchas, los chefs les habían sacado toda la carne para hacer un calientito guiso que vendían a los tomadores junto con la promoción de la bebida en tarros de dos litros, nos vamos un poco desilusionados, casi no convivimos con ellos pero de todas formas se extrañan, los lazos de sangre siempre nos ligan con la familia más cercana.

A partir de ese día voy seguido a las cantinas a rescatar a los hermanos de raza que no tuvieron la suerte de soltar a tiempo su cascanueces, también a escuchar los lamentos de los hombres que fueron engañados por sus mujeres, como nosotros podemos copular con varias jaibas en época de celo, no me altera los nervios el que mi hembra me vaya a dejar algún día, más bien estoy bastante preocupado por la caza exagerada que se ha hecho de nuestra especie, la exportan sin ningún miramiento a otros países, dicen que el crecimiento económico de las naciones se apoya en este concepto depredador, pero yo me pregunto: cuándo ya no haya cangrejos en el mundo, ¿Cuál va a ser el producto interno bruto con el cual se impulse el bienestar de los habitantes del país donde nacimos?, los diputados deberían legislar para proteger integralmente los ecosistemas y evitar el desequilibrio medioambiental que se está causando por culpa de la ambición de las personas sin escrúpulos, a quienes no les interesa el futuro del único Planeta conocido dónde existe vida inteligente, además estoy seguro de que por el deterioro que se está causando en él, va a utilizar sus recursos naturales como un mecanismo de defensa para también acabar con los hijos y los nietos de los depredadores.

Hoy fui a una cantina diferente junto con algunos cangrejos mayores, tenía un foco rojo en la puerta y mis amigos me dijeron que no era una cantina común de las que abundan en el pueblo, que esta tenía mujeres con poca ropa y los varones acudían, casi siempre borrachos, en busca de un poco de amor a cambio de algunos pesos, dentro de las paredes seguían bebiendo lo que las mujeres les sugerían para desplumarlos antes de subir a los cuartos donde terminaban su labor de conquista monetaria, el objetivo de nuestra misión era rescatar a varias hembras de nuestra especie que la matrona había decidido agarrar para quitarles su exoesqueleto y satisfacer los instintos de los depravados que las rentaban para masturbarse con ellas, no era una labor fácil pero todos estábamos dispuestos a sortear los problemas que brotaran con la finalidad de salir victoriosos, todo estaba a media luz para que los clientes sólo percibieran las partes carnosas que las mujeres les mostraban con el fin de atraerlos, nos deslizamos por entre las alfombras desgastadas hasta llegar a uno de los últimos cuartos que les asignaban a los más pervertidos, vi como uno de ellos disfrutaba de su onanismo con una conocida que vivía cerca de mi refugio, no me pude contener y me le prendí a su órgano reproductor con una fuerza descomunal que brotó del coraje que sentía, solté mi tenaza y comenzó a brotar bastante sangre, ya no supe si su órgano le quedó útil porque de repente se desmayó, su miembro se convirtió en un flácido y blandengue chorizo que pedía auxilio inmediato, este movimiento fue aprovechado por mis compañeros para canchar a las frágiles hembras y salir del establecimiento antes de que el cliente recuperara la consciencia y descubriera lo que le había pasado, cuando salimos escuche unos gritos estridentes y me imaginé el alboroto que se debió haber armado por la intromisión de unos simples cangrejos violinistas, tiempo después supe que un regidor del pueblo, sin decirle nada a nadie, falsificó en un oficio la firma del presidente municipal para que se cerrara el lugar.

Hoy ya no fui a las cantinas, necesito hacer deporte y mejor me fui desde en la mañana a una cancha de frontón para ver que aprendo de las raquetas de jai alai que se parecen a nuestras manos, los jugadores que practican este deporte toman la pelota desde la parte baja de la cesta punta y con el recorrido que hace por el hueco, la bola alcanza una velocidad endemoniada justo cuando sale disparada hacia la pared del frente, voy a ver si puedo adaptar este fenómeno físico en mis tenazas para defenderme mejor de los depredadores, quiero experimentar al principio con piedras y después fundar una escuela de frontón cangrejero UFC, debo intentarlo para que mi especie se vea fortalecida con el aprendizaje de nuevas técnicas de lucha por la supervivencia.

Hoy fui a un lienzo charro en el que había un torero que pretendía realizar las suertes de matador que se acostumbran en España, los ricos del pueblo le habían comprado un toro de lidia para que calmara sus ansias de novillero, lo dejaron en la soledad mortuoria del lienzo con el fin de divertirse un rato hasta que el animal fuera asesinado con las banderillas y el estoque, no sucedió nada de lo que esperaban, el aprendiz de novillero no le pudo dar ni un capotazo al burel, el toro lo prendió desde el inicio de la faena y lo mantenía corneado en el aire cada vez que se acercaba a intentar dominarlo con un trapo rojo, los peones que contrató para desviar la atención del novillo ni siquiera se atrevieron a entrar, estaban aterrados con la bravura del animal y dejaron que el supuesto matador se las arreglara solo, fue algo vergonzoso, el toro de lidia le arrancó el traje de luces y lo dejó casi encuerado a medio ruedo, ya no pudo brindar la faena a los jueces, la montera la tenía terciada en la cabeza como Cantinflas, un artista que había estado en el pueblo y había toreado de forma chusca a un novillo de bastante menor peso, total de que el aspirante a torero tuvo que salir del lienzo arrastrándose por los burladeros de matadores para que no lo siguiera corneando el toro, la pulla de los asistentes que no paraban de reír fue su debut y despedida, al animal tuvieron que indultarlo y regresarlo a los corrales de donde lo habían traído, no supo que en una de las corneadas le había alcanzado a arrancar una oreja al matador y la transportaba inserta en el cuerno derecho, antes de salir su instinto le pidió dar una vuelta al ruedo para presumirla, ojalá que con esto la gente aprenda que los animales también tenemos sentido del honor y no nos gusta que nos traten mal.

Hoy fui a un nuevo casino que abrieron en el pueblo, me dan risa los apostadores que creen que se van a hacer ricos ganándole al casino, llegan esperanzados en los millones que van a despelucar y salen con los calzones en la mano tapándose la humillación de haber perdido hasta la esposa con la que conviven, emplean todo el día buscando la manera de pegarle a un premio ganador en lugar de trabajar para que el país progrese, yo me metí dentro de una máquina y vi cómo los chips están programados para que en un principio dejen ganar un poco de dinero a los clientes, ya que están enrolados con la droga de las apuestas, empiezan a manipular sus algoritmos para dejar en la calle a los soñadores, no cabe duda de que esta adicción es más fuerte que la heroína, el lugar siempre está a reventar y nadie reconoce que perdió, el bingo se maneja invariablemente a favor de los dueños precisamente por la afluencia de compradores de cartas.

Nosotros sí aprendemos de los errores humanos y me da gusto que entre los animales no exista la especulación financiera, el mundo estaría hecho una piltrafa si también nosotros fuéramos adoradores de la ideología de mercado.

Ayer mis sobrinos me invitaron al circo, me dijeron que les habían regalado unas cortesías y ellos habían acondicionado unas butacas ergonómicamente proporcionadas a nuestro cefalotórax, las habían dispuesto bajo unas maderas de 30 cm que tenían pintados unos triángulos color de rosa y blanco. Hoy fuimos a hacer efectivos los pases y antes de entrar les abrí las jaulas a todos los animales para que por un momento a los dueños les regresara su esencia salvaje y a los animales libres su esencia civilizada, ah cómo me reí con los payasos tratando con sus chalupas de regresar a los cautivos a sus celdas, y cómo me asombré con los malabaristas aventándoles sin la coordinación debida los pinos de boliche a las cabezas de los tigres, por más que lo intentaban, los grandes mininos esquivaban con astucia los golpes y se fueron a cubrir de los ataques en los manglares donde habitamos los cangrejos, el dueño no pudo hacer la presentación de la forma acostumbrada, Zobeida la elefanta, estaba en el mar bañando con su trompa a los turistas y los empleados no pudieron regresarla a tiempo para que la montara el dueño, en el intermedio el domador tuvo que chasquear el látigo sobre unos floreros para demostrar su destreza y llenar el programa, los leones andaban por las escasas áreas naturales protegidas cercanas al pueblo.

Lo mejor del espectáculo fueron los trapecistas, quienes hicieron su show con el mayor profesionalismo y se despidieron con un triple salto mortal que los payasos no pudieron imitar, cayeron a la red y se revolvían en sus cuerdas, no quisieron salir de ella para que la gente se olvidara un poco de las funciones clásicas, pero el público los aplaudía a rabiar por no haber animales, todos los que estaban en las jaulas andaban felices por paisajes desconocidos disfrutando de los recuerdos de libertad imbuidos en sus genes por sus antepasados.

Hoy fui al cine del pueblo, invité a una amiga para pasar la tarde a gusto y platicar sobre la película, pasaban un documental de cangrejos ermitaños y nos atrajo la sinopsis que leímos en la hoja de una revista de espectáculos tirada en la calle, todo estaba a oscuras, el acomodador traía una lamparita y conducía a los espectadores a sus asientos, las parejas que estaban en la parte de hasta atrás decían que los asientos estaban ocupados, no querían que hubiera cerca de ellos mirones que interrumpieran su labor de conquista mutua, nosotros cómo somos nocturnos, no necesitamos del acomodador para que nos llevara debajo de algún asiento, además no traíamos propina para darle, nos arrellanamos a un lado del pasillo y nos instalamos en las barras que soportan las butacas para que no se tuerzan, pero nos tapaban los de adelante, por más que movimos nuestras pinzas no pudimos quitarles su sombrero, vimos a medias la película y no le entendimos nada porque hablaban en japonés, sí, tenía traducción, pero mi amiga y yo no podemos leer tan rápido como los humanos, "la próxima vez que vayamos al cine mejor hay que buscar algún auto-cinema donde exhiban una buena película de cine de autor" —le comenté a la salida—, "va a estar en chino —me respondió—, en el pueblo no hay auto-cinemas y a la población solamente les gustan las películas de jinetes sin cabeza".

Hoy fuimos a Poza Rica a ver una obra de teatro, casi nunca traen cultura de alta calidad a la ciudad, la metrópoli se ha convertido en una urbe de aventureros petroleros que no le tienen cariño a la localidad, llegan a hacer dinero y no les preocupa lo que suceda con la basura que tiran ni con el pensamiento de sus pobladores autóctonos, esta vez algunos amantes de la sabiduría trajeron a una estupenda bailarina que escenifica la vida de los cangrejos en peligro de extinción, sus movimientos son sensuales y describen a la perfección la angustia que sufrimos los animales por el perplejo futuro que nos espera, la coreografía es fascinante, en el vestuario y en la música se siente la devastación del mundo, cada nota musical nos transporta al momento en que los humanos fueron incrementando la contaminación atmosférica, inicia en la época de la revolución industrial y termina en los tiempos actuales, en su parte media hace un adagio que trasciende al deterioro de un Planeta que pudo haber sido consultado para la conservación de la biodiversidad, la obra es dramática y la bailarina lo siente. "Jamás me voy a arrepentir de haber asistido a una obra de esta naturaleza" —les dije a mis acompañantes a la salida, ellos en un principio querían ir a una pulquería a beber de las gotas que escupen los tomadores para hacer "el alacrán".

Hoy inició la feria en el pueblo, hubo un desfile con carros alegóricos, trajeron a las bastoneras de Veracruz y la reina se paseó vestida de charra montada en un bello alazán pura sangre, por la noche abrieron los puestos de diversión, los jóvenes tiraban con rifles de corchos para intentar derribar cajetillas de cigarros, había otros de tiro al blanco en donde aparecían figuras de animales de metal, si doblabas más de diez con un rifle de municiones de mediana precisión, te daban un oso de peluche que los novios siempre regalaban a sus acompañantes, a mí lo que me interesaba eran los aros, si ensartabas cinco figuras te regalaban un pollito recién nacido y los pollitos regalados recién nacidos eran rechazos de las granjas sexadoras, a los machos y a los más débiles, en lugar de matarlos para fabricar alimentos balanceados para otros animales, los apartaban y los vendían a los concesionarios de los sitios para recuperar algo de centavos, pero por más calor y comida que les proporcionan las familias afortunadas que aciertan los aros, los pollitos invariablemente mueren después de varios días de angustia de los padres, de los niños y de los mismos pollitos recién nacidos, en un año me tocó seguir a una familia que hasta velas les prendieron para que los pobres pollos agónicos continuaran viviendo, los niños les prestaron sus cobijas para que no tuvieran frío, les abrían el pico y se los cerraban sobre puños de alpiste y mijo para que comieran, ni así lograron que los pollitos sobrevivieran, ya estaban destinados al matadero por ser machos.

Hoy fue la coronación de la reina: Polita I, una bella jovencita que tiempo después fue vendida en la ciudad de México para practicar la prostitución en el Mercado de la Merced por una miseria.

Continúa la feria, hoy fui a cenar un poco de masa de la que tiran los borrachines a los que llenan con botana de gorditas extremadamente picosas para que sigan bebiendo cerveza, había una mesa de un solo comensal que para que no le fueran a cobrar de más, ya había llenado cuatro cartones con envases vacíos, las ferias en México se han convertido en unas emborrachadurías gigantes.

Hoy fui al palenque de la feria, las peleas de gallos siempre me han parecido aborrecibles y hoy era una buena oportunidad para demostrarlo con acciones concretas, me metí por debajo de las gradas y cambié las cuchillas de los gallos por unas bolas de goma, los amarradores ni cuenta se dieron, después me subí con un conocido apostador y le pedí que arriesgara todo su capital al empate, que apostara contra los dos partidos lo más que pudiera a que los gallos no se harían un solo rasguño, nunca se había visto en alguna feria ninguna apuesta bajo estos términos, pero los dueños de los gallos le aceptaron el reto y el apostador se hizo de millones en un instante, compró varios gallos y los entrenó para peleas simuladas al estilo de la lucha libre mexicana, los valientes vertebrados realizaban tremendas piruetas de patadas voladoras en las que al final nadie salía lastimado, con el dinero que ganó, creó una fundación de ayuda para los pollos de feria, bajó recursos de los fondos verdes que se disputaban los países por no contaminar y amplió su altruismo dirigiéndolo hacia la prohibición de las peleas de gallos y las corridas de toros, a mí me quiere llevar a todas las ferias como su caponera suertuda que actuó en la película del "gallo de oro".

Hoy se terminó la feria del pueblo, de San Bartolomé, su santo patrono, nadie se acordó.

Hoy le dije al apostador que declino su oferta, todavía debo escribir varios capítulos de mi diario y necesito hacerlo antes de que la Tierra llegue al punto de no retorno, está cada día más deteriorada y los seres humanos se olvidan de reconstruir su ecología por andar emborrachándose en las ferias de pueblo.

En estos días el pueblo se está preparando para el recibimiento de algunos científicos que vienen a filmar documentales sobre el deterioro de los manglares, la protección de las tortugas y la disminución de los cangrejos; traen camarógrafos de canales gringos, de History, Discovery, Animal Planet y Nat Geo, antes de que empezaran a filmar les pedí que me permitieran escribir unas líneas en su guión, lo hice para que todo el mundo sepa que en este pueblo se han filmado varias películas y han estado artistas de talla internacional, en una ocasión llegaron unas actrices francesas a filmar una película sobre la Revolución Mexicana, todos los hoteles estuvieron llenos de periodistas a los que les interesaban más los escándalos de sus desnudos, que la verdadera historia de una nación que perdió un millón de naturales con el fin de sacudirse la dictadura de un Presidente que duró treinta años en el poder.

Mi abuelo conoció a Brigitte Bardot

Hoy tuvimos una reunión familiar en la terraza del refugio donde vivo, invitamos a los abuelos a que convivieran en un rato agradable con todos sus nietos vivos, los cangrejos violinistas permanecemos en este mundo alrededor de doce lustros, pero hay cangrejos de otro tipo que llegan a vivir hasta cien años, mis abuelos son longevos por naturaleza y trasmitieron a sus nietos el gen de la vida saludable, todos los descendientes gozamos de una perfecta resiliencia climática y nos gusta organizar reuniones donde se estrechan los lazos familiares, en esta reunión nuestro abuelo nos contó sobre la ocasión en la que Brigitte Bardot vino a Tecolutla a filmar una película, nos dijo que llegaron por avión a la ciudad de México y de ahí se trasladaron en autobuses especiales a la playa para rodar unas escenas en los esteros de Larios, de la Silveña y del Negro, en esos tiempos aún no estaba pavimentada la carretera y el elenco de la película debió cruzar en chalanes al otro lado del rio, rentaron por varios días todo el hotel Tecolutla y no permitieron el acceso de ningún paparazzi, nos cuenta mi abuelo que él se tuvo que deslizar por entre los matorrales endémicos que se dan en las playas para llegar hasta donde Brigitte Bardot y Jeanne Moreau estaban desnudas tomando el sol, un guardaespaldas quiso hacerse el gracioso y le cortó la tenaza para ofrecerla como botana a las actrices, pero la sex simbol, férrea defensora de los derechos de los animales, corrió de inmediato al ocurrente guarura y buscó a mi abuelo para curarlo, lo tuvo bajo su cuidado mientras se recuperaba de la mutilación y le crecía de nuevo la tenaza en el lado izquierdo de su cuerpo, casi casi se lo lleva a Francia junto con Louis Malle y todo el personal de la producción que venía acompañándola.

Hoy fui a conocer el hotel donde estuvo Brigitte Bardot, platiqué con algunos conocidos que rondan por esas arenas y me dicen que fue un evento extraordinario del que los lugareños se sentían orgullosos, una actriz de esa categoría no siempre venía a filmar a un pueblo pesquero que nada más aparecía en el mapa por el chalán que utilizaban los automóviles en sus traslados hacia los lugares sureños, lugares donde abundan las extraordinarias pirámides que nunca conoció la actriz y donde también deslumbró la civilización precolombina que tampoco estudió la actriz.

Hoy volvimos a invitar a mi abuelo a la terraza de las reuniones familiares, la convivencia de antier estuvo plagada de curiosidad e interés y mis primos me pidieron que lo convocara de nuevo para que nos siguiera contando historias que sucedieron en el pueblo, quedamos en que cada quién llevaría comida para repartir y así se aligeraría la carga del anfitrión, yo conseguí un poco de carne de coco y lo preparé con un medio limón chupado que me encontré, le agregué un chorrito de agua de mar para darle un gustillo algo saleroso, me quedó con un sabor exquisito y mis cuñadas de inmediato me pidieron la receta. Todos llegaron temprano, continuaban expectantes de la plática del día anterior y esperaban que hoy nuestro abuelo mejoraría la narración, no se arrepintieron, la historia que nos contó fue un poco triste pero llena de sabiduría, nos dijo que la mujer más hermosa de un pueblo cercano fue raptada por un general del ejército que después fue gobernador del estado vecino, luego su hermano se lanzó a la presidencia y también ganó, ahí empezaron las vicisitudes y los dichos que hoy se pronuncian respecto del "hermano incómodo"; el general tenía varias mujeres y a la susodicha belleza no le fue nada bien, ella tenía carácter y también hizo de las suyas, en esa época eran mal vistas las mujeres que se metían con hombres que no fueran sus maridos y la mujer terminó en la pobreza por una situación de la que no era culpable, si hubiera vivido en estos tiempos hasta le hubieran organizado un homenaje y le hubieran ofrecido una disculpa pública, creo que hasta una novela se escribió y una película se filmó con ese argumento —continuó mi abuelo—, se llama "Arráncame la vida", el libro lo escribió Ángeles Mastretta y la película la protagonizó Ana Claudia Talancón haciendo el papel de Margarita Richardi, la mujer que fue raptada por el general Maximino Ávila Camacho del pueblo de Gutiérrez Zamora, Veracruz.

En unas hojas de periódico tiradas cerca del estero vi un reportaje sobre Manuel José Bartolomé Gutiérrez-Zamora y Gutiérrez de la concha, este escrito me alborotó la inquietud por investigar más sobre este personaje, me llevé las pocas hojas todas roídas y las catalogué en la biblioteca que adapté en mi refugio, lo hice con el fin de pasar el tiempo y leer un poco en los días calurosos, esos días en los que el incremento de la radiación solar nos obliga a permanecer acurrucados disfrutando de la saludable frescura de nuestras casas, mañana iré temprano a un museo que acaban de abrir para ver que otros datos recabo y así completar la biografía que vi en el periódico.

Hoy nadé a través del rio Tecolutla y fui al museo que implementaron en una casa del pueblo aledaño, tardé más de dos horas en llegar porque la corriente en contra me impedía el nado sincronizado, sin embargo arribé cuando lo estaban abriendo y me puse a leer al detalle todos los recuadros de las fotos que aparecen en el mismo, las cuidadoras del museo a cada rato sacaban la escoba para barrerme y echarme al jardín, pero yo regresaba y continuaba leyendo tratando de cuadrar las historias de mi abuelo con las realidades que se han vivido en la zona, resulta que según los escritos que alcancé a memorizar, supe que el personaje en cuestión fue un Gobernador del Estado de Veracruz que combatió en contra del ejército norteamericano que invadió México en 1847, después brindó protección a Benito Juárez en su lucha contra los franceses y en su honor le cambiaron el nombre a la congregación de "Cabezos del Carmen" por el de sus apellidos, que bueno que se lo cambiaron porque el nombre de "Cabezos del Carmen", cómo que a los cangrejos no nos motiva en lo absoluto para intentar en conjunto con otros organismos simbióticos la superación de nuestra especie.

Me quedo a dormir en el malecón de Gutiérrez Zamora, lo han convertido en un tianguis y eso me da gusto, hay que rescatar las tradiciones mexicanas en las que el trueque era el motivo principal para reunirse en las plazas.

Durante la noche me acordé de un telescopio que vi en la azotea del museo, a esas horas en que todo está oscuro y se vislumbran a simple vista las luces estelares, me regresé para observar las constelaciones, en especial el cúmulo de estrellas que forman la zona zodiacal del cangrejo, una constelación que fue creada por intervención de Hera, esposa legítima de Zeus cuando Hércules venció al cangrejo gigante que le envió para acabar con su vida.

Hoy me regresé a Tecolutla e hice un mapa de la constelación de Cáncer, en realidad no hay estrellas importantes, tiene luceros similares al sol y sistemas planetarios en los que los científicos aseguran que hay moléculas de hidruro de helio, es decir, solamente faltaría el oxígeno para conformar el agua y las condiciones de vida estarían dispuestas para generar formas disímbolas de existencia. Es interesante el Universo, hay científicos que afirman que no tiene ningún caso preocuparse por cosas espirituales cuando hay una infinidad de Galaxias por descubrir, en lo animal, por no decir "en lo personal", yo creo que no tiene ningún caso descubrir Galaxias cuando los humanos ni siquiera han aprendido a administrar un Planeta.

Ya casi al anochecer leí el horóscopo que venía en unas hojas anexas al periódico que me encontré, soy un cangrejo y nací por las fechas que abarcan la constelación que me arropa, para proseguir con mi diario necesito conocer lo que me depara el destino, me dice puras boberías, que dizque mi relación con los demás requiere de cambios en mis sentimientos y que en próximas fechas tendré días de pasión y romance, se ve que quién lo escribió no tiene ni idea de lo que nos sucede a los animales por culpa del ser humano.

Hoy continué leyendo el reportaje del periódico que guardé en la biblioteca de mi refugio, en una nota al calce vi que durante el gobierno de Benito Juárez las tierras de esa zona de Veracruz estaban en el completo abandono y el presidente otorgó concesiones para su cultivo a un grupo de italianos que entusiastas se arriesgaron a venir a hacer riqueza en el Nuevo Mundo, también las ofreció a un grupo de franceses, pero por la guerra que se tenía con Maximiliano, solamente se quedó uno y fundó el pueblo de San Rafael, cuando se terminó la guerra llegaron más inmigrantes y el pueblo creció hasta convertirse en una ciudad en la que el trabajo de sus habitantes la hizo digna de admiración. Volviendo a Gutiérrez Zamora, sí, se quedaron varias familias y construyeron una próspera comarca donde la naranja, la vainilla y el ganado fueron la base de los ingresos que obtenían los emprendedores europeos, el problema actual es que se quedaron en la época del sedentarismo agrícola y no han innovado los aspectos económicos para poder distribuir de mejor forma los abundantes recursos naturales, siguen aferrados a una economía del siglo XIX y los oriundos sin herencia han salido a buscar la manutención en otros lugares de la República, la ahora ciudad se está convirtiendo en parte de los lastres ecológicos del mundo moderno.

Voy a proponer a los humanos que ya no impriman periódicos ni revistas de contenido que no sea edificante, todos las personas las compran en los puestos que se instalan en cada esquina, las leen en menos de cinco minutos y después las tiran en la arena cuando van a la playa a beber cerveza, a veces se encuentran buenos reportajes, yo soy de los pocos que busco una enseñanza positiva en cada página, pero la mayoría de los cangrejos no saben leer y solamente las utilizan para limpiar su exoesqueleto, es preferible que se dejen plantados los árboles de donde sale el papel para que haya más bosques y por medio de la fotosíntesis transformen el bióxido de carbono en oxígeno libre, así podremos todos los seres vivos incrementar nuestra fuerza cerebral y evolucionar de forma colectiva hacia la creación de circunstancias superiores de convivencia mutua.

Hoy les platiqué a los cangrejos de mi barrio la inquietud que tengo por limpiar las playas, de inmediato se ofrecieron miles de voluntarios, nos dividimos las tareas en grupos de doce, cada grupo deberá mantener limpio un espacio de cien metros cuadrados y dejar los residuos separados en las orillas que colindan con los linderos de los ranchos ganaderos, refiriéndome a estos ranchos pero en otro orden de ideas, les comento que la gente debería comer menos carne roja, aparte del daño que les hace, el ecosistema amazónico está desapareciendo debido a las plantaciones de soja que se le dan al ganado para su engorda, y la Amazonia es el mayor pulmón del Planeta.

Total de que nos organizamos y hemos limpiado bastante terreno, ojalá esta iniciativa cangrejera se implante en toda la ensenada, las corrientes marinas trasladan la basura del mundo y por la geografía de la bahía, los desechos se vienen a depositar en las costas mexicanas —vaya regalo—, hoy mandé un comunicado dirigido a todos los cangrejos del Golfo, los que conocí y los que no conocí cuando regresé de mi travesía por la selva, en él les digo que para mantener nuestro espacio personal dentro de los lineamientos adecuados de purificación, debemos organizarnos para limpiar todas las playas, con esto se podrán implementar las industrias del reciclaje que requiere la Tierra, así los humanos pensarán en otros tipos de trabajos más responsables y más acordes con el medio ambiente, tendrán productos duraderos a bajo precio y cambiarán la industria del desecho por alternativas benéficas para todos los seres vivos.

Hoy la playa se ve limpiecita, la arena reluciente me sirve de maravilla para jugar con mis amigos a los cangrejos chocones.

Mis amigos me dijeron que ya no hay que jugar a los cangrejos chocones, algunos turistas nos vieron y se motivaron para comprar otro auto de gasolina, debido a ello nos volvimos a organizar para platicar con cada una de sus señoras y explicarles con nuestras tenazas que ya hay más de ochocientos millones de autos en el mundo y que entre todos están emitiendo cada año una cantidad considerable de gases de efecto invernadero a la atmósfera, después de todo las señoras son las que definen la economía familiar.

Nos cuesta trabajo que los esposos de las señoras comprendan esta cuestión, algunos de los cangrejos salimos con máscaras antigases para que adviertan que la atmósfera solamente puede procesar una tercera parte de esos gases dañinos, los demás provocan el efecto invernadero que no deja salir la radiación y genera el calentamiento de la Tierra, ojalá que algún día no tengan que tragarse su contaminación como lo estamos haciendo nosotros, su cerebro debe estar pulcro para que puedan pensar en el daño que les hace respirar el bióxido de carbono que emiten sus autos.

Hoy llegaron un grupo de empresarios a poner una fábrica de birotes sin migajón, alquilaron una vieja bodega de cerveza que rentaban para bodas, estuvieron varios días en el pueblo elucubrando el costo-beneficio de su arriesgado proyecto, yo me introduje en su sala de juntas y escuché todas las pláticas que tuvieron para concebir el plan de negocios, decían que al igual que las tortillas en las que todo el mundo agarra de las de en medio, también a los bolillos todo el mundo les saca el migajón y lo tiran, entonces, ¿Para qué ponerles migajón si sale más barato y por lo crujiente quedan más sabrosos hacerlos sin migajón?, la concepción se me hizo muy lógica y original, a ver si les resulta pues la gente del pueblo no es muy colaborativa con este tipo de ideas de vanguardia, pienso que van a tener que promoverlo en toda la República para que les sea redituable, ojalá y lo hagan pronto, a mí me gustan mucho las sobras de las tortas ahogadas que una vez probé con una familia que vino de Guadalajara.

Pasaron varios días y los empresarios se fueron, en su última junta evaluaron los problemas que se les habían presentado y decidieron instalarse en otro lugar, dijeron que los ricos del pueblo los atosigaban porque iban a pagar a los peones, salarios más altos que los que ellos pagaban y después quien iba a querer trabajar en sus ranchos, además los inversionistas hicieron un análisis del agua y los birotes no iban a quedar tan crujientes como esperaban.

Se acuerdan que había dicho algo sobre los sistemas económicos que afligen a los humanos, hoy se me ocurrió que la economía de mercado es un invento de seres avariciosos para tener un pretexto y acabar con los animales, a diario se extinguen por su causa más de cien especies diferentes, ya no hay suficientes variedades de peces para alimentar a la plaga que por instrucciones divinas se ha posesionado del magistral equilibrio natural y la verdad, no sé qué tipo de iniciativa privada es la que necesiten para convivir en concordancia con la naturaleza, se apropian de territorios que no les pertenecen y los deterioran de una forma irreversible, hacen guerras para demostrar a los más débiles su dominio, no entienden que todas las formas de vida pertenecemos a nuestro propio nicho ecológico y dentro de él interaccionamos con la biósfera para evolucionar hasta lograr el perfeccionamiento que exige de nosotros el orden inequívoco del Cosmos, con nuestra intervención la biósfera también evoluciona y perfecciona sus gases para proteger la vida, así fue establecido desde el principio de los tiempos con la detonación del Big Bang, en lo particular yo lo siento por su especie, algunos humanos conscientes de su responsabilidad hacia esa singularidad natural me caen bien.

Ni capitalismo ni socialismo, los dos son unas burradas propias de la estupidez con la que los humanos han querido dominar la naturaleza, inventan guerras mundiales y se matan por millones únicamente para demostrar que su sistema económico es mejor, ¡vaya disparate!, su egoísmo los ha proyectado a una desfachatez más absurda que los mismos escritos sagrados en los que soportan su arrogancia, la naturaleza es totalmente diferente, todas las especies dan lo mejor de sí mismas sin pedir nada a cambio, todo inició con las bacterias, las formas de vida primigenias se ayudaron unas a otras para formar nuevas formas de vida, así nacieron los líquenes, fue una fusión de protoctistas y algas que continuaron fusionándose con otras especies hasta llegar a los delfines, nunca crearon sistemas económicos para iniciar la desigualdad, nunca hubo peces más ricos que otros y todo funcionaba a la perfección hasta que a algunas especies se les ocurrió salir del agua, evolucionaron con la ayuda del aire limpio y aparecieron los humanos, entonces inició la regresión, a todo el bióxido de carbono que las bacterias primigenias habían escondido en los grandes yacimientos de combustibles fósiles, y que además funcionan como sumideros naturales de carbono, le inventaron un valor económico y repudiaron su valor ambiental, están dejando la Atmósfera como estaba antes del surgimiento de la primera cianobacteria aeróbica, con 98% de CO2, en esas condiciones a las que estamos volviendo era imposible la vida, trazaron un vector de desarrollo totalmente contrario al que hemos seguido los animales y plantas, con ese vector se enfrascan en redes lineales competitivas en las que en lugar de ayudarse para progresar todos, producen puras porquerías y las desechan de inmediato, no practican el ejemplo de la naturaleza que les fue regalado sin condiciones, la economía circular en la que hasta el medio ambiente gana, la hacen a un lado, el dinero y el consumo son sus dioses, quiera el único y verdadero Dios de la Sustentabilidad que rectifiquen antes de llegar al punto de no retorno.

Hoy vi una revista con una foto de Brigitte Bardot embarrada de un líquido viscoso, con esto registro en mi mente que para los humanos, sigue estando tan sensual como cuándo vino a Tecolutla.

Hoy regresaron los empleados de los canales americanos a filmar las últimas escenas de los documentales sobre el medio ambiente, entre los artistas viene un doble de Leonardo Di Caprio para hacer algunas arriesgadas escenas en colaboración con las tortugas y los cangrejos de los manglares, platiqué por medio de un traductor y utilizando el lenguaje del que se valen los sordomudos, con los productores de Nat Geo, me dicen que el documental que a ellos corresponde aún no tiene nombre, pero que con él quieren alertar a los humanos sobre el deterioro medio ambiental antes que sea tarde, les sugiero que sea esta última frase la que le dé el título y al director le parece excelente, no sé si la vayan a poner tal cual porque con mis tenazas no me pude dar a entender muy bien, todavía no aprendo el lenguaje de señas que manejan con soltura los sordomudos.

Hoy levantaron algunas tiendas de campaña cerca de los manglares para proteger las cámaras del sol y de la lluvia, ahí se quedó a dormir el doble de Leonardo Di Caprio, entre paréntesis quiero decirles que se parece muy poco al artista real y que lo más arriesgado que hizo fue aparecer de espaldas en una toma donde los camarógrafos paneaban los manglares, pero tómenlo como mitote, con los efectos especiales va hasta a ganar un Oscar por su "actuación".

Los campamentos

Hoy llegó un grupo de estudiantes a acampar en la playa, llegaron bastante ebrios en una camioneta con camper y no pudieron ni levantar la tienda de campaña, eligieron un lugar alto donde había un poco de pasto y se quedaron dormidos en la tierra, durante la noche, una manada de chivos estuvo hurgando en sus mochilas comiéndose todo lo que llevaban de provisión, sólo les dejaron los frijoles en grano porque los chivos no pueden digerir los granos duros de los frijoles sin cocinar, al otro día estaban totalmente crudos y se negaron a clavar las estacas para componer la tienda, juntaron unas maderas secas, las prendieron con los encendedores que llevaban para encender los cigarros que consumían constantemente y metieron los frijoles en una olla de barro llena de agua que traían exprofeso para cocinarlos, mientras se cocían, sacaron otra botella de ron y unos refrescos al tiempo para curarse la cruda, algunos comenzaron a forjar unos carrujos que por las pláticas que escuché, supuse que les abrían las puertas de la percepción, los demás hablaban de política y mantenían sus esperanzas en que les llegara una revolución socialista, no tenían el valor de luchar por sus ideales ni aceptaban el compromiso con su ideología, me di cuenta de que en un futuro pasarían desapercibidos por los movimientos trascendentales de la historia, todo el mundo se olvidaría de ellos menos sus hijos que durante un tiempo los verían como héroes, quizás eso era lo que les daba el motivo para continuar viviendo su insulsa vida, aunque quizás también por eso se emborrachaban y platicaban de luchas armadas en las que nunca iban a participar.

Hoy vi a uno de los estudiantes dormido junto a una fogata y tapado con una cobija, eran las doce del día y hacía un calor terrible, los turistas pasaban junto a él en traje de baño y se asombraban del espectáculo, a él no le importaba, estaba crudísimo.

Por las charlas que mantuvieron durante los días en que estuvieron acampados, calculé que sus valores eran la ambición y el dinero, hablaban de socialismo para sentirse los dueños de la época que vivían y cambiaban de tópicos a cada instante, decían que varios de sus amigos habían estado en Woodstock y que habían visto como los ángeles del infierno repartían gratuitamente la droga para iniciar un floreciente negocio que se extendió hasta Vietnam, la paradoja era que lo hacían por instrucciones del gobierno estadounidense, con esto el mismo gobierno tendría clientes cautivos adictos entre los soldados que iban a la guerra y entre los civiles que se quedaban, impulsarían el narcotráfico y tendrían dinero suficiente para financiar un estilo de vida basado en la especulación y la acumulación financiera.

Todas las charlas de los estudiantes eran intrascendentes, pasaban de un tema a otro sin definir sus conclusiones y se la pasaban borrachos o mariguanos la mayor parte del tiempo, también eran divertidos, querían vengarse de los chivos y andaban todo el día como locos atrás de ellos para atrapar a uno y hacerlo barbacoa, en los cuatro días que estuvieron acampados solamente los vi comer frijoles, el último día vieron a un pescador que salía del mar con un costal de ostiones y le compraron todo el costal completo, se dieron un banquetazo imposible de superar, nunca supe si les hicieron daño porque los ostiones eran tan grandes como los bistecs de res y se los comieron en menos de media hora, abrían las conchas con las cucharas que llevaban y con una desesperación que me hizo dudar si de verdad estaban hambrientos, o si la justificación de su existencia era únicamente divertirse sin preocuparse por lo que le suceda al mundo.

Hoy en la mañana se fueron los estudiantes y por la noche llegaron otros borrachos con una mujer de la vida galante, eran cuatro varones ya medio viejones y una dama bastante más joven, su camioneta también tenía camper, después de hacer sexo entre todos de una manera vergonzosa y poco digna, y digo sexo porque de acuerdo a la concepción de los animales el amor debe ser algo mucho más sublime que masturbarse o juntar los órganos reproductores de varios en una orgía, bajaron a la mujer de la caseta, la aventaron en la arena e intentaron salir en reversa rápidamente, la camioneta se atascó por un instante y la joven antes de que los adultos reaccionaran, se acercó con el conductor y quitó del switch de encendido las llaves del vehículo, corrió hacia el mar y se metió hasta la cintura con las llaves colgando de una mano, "¡ahora me pagan el doble cabrones!" —les gritó con la intención de aventar el llavero hacia más adentro, casi hasta donde revientan las olas—, los señores, quienes rasguñaban una escasa diferencia con la vejez, quisieron portarse comprensivos, le dijeron que no soltara las llaves, que saliera del agua y que llegarían a un acuerdo, la mujer salió y aceptó el dinero que le dieron, aventó las llaves al agua y corrió desesperada por la playa hasta llegar a algún lugar seguro, no encontró ninguno, pero ya los hombres no la perseguían por andar buscando el llavero y no poder correr debido a la borrachera que se cargaban.

El día antes de antier llegó una familia y acampó delante de donde yo cavé mi refugio, no quisiera ni escribir esto, no quiero que alguien se deprima con su lectura cuando en un futuro publiquen mi diario, en cuatro días me tocó ver todo un proceso de transición de la jovialidad a la desdicha, resulta que un matrimonio de dos jóvenes que tenían por hijos a dos niños y dos niñas llegaron en una camioneta todo terreno a la playa, todos ellos eran rubios y guapos, tal como deben ser los protagonistas de las historias reales contadas por los crustáceos, se veía que al padre le habían dejado el control de los negocios familiares y él había sabido administrar los recursos para realizar otras transacciones que le permitieron incrementar la fortuna de la que gozaba su nueva familia, la madre era una ama de casa dedicada a la educación de sus hijos y una fiel devota de los ángeles de la guarda que aparecen en los calendarios, el primer día todos estuvieron riendo y jugando, se metieron al mar y hacían carreras dejándose arrastrar por las olas montados en unas tablas que llevaban para divertirse sanamente, por la noche hicieron una fogata y estuvieron cantando y cenando mientras el padre tocaba la guitarra, su espacio trasmitía una energía objetiva de la que se desprendía la felicidad que los colmaba, el segundo día fue parecido, jugaban voleibol en la arena y se metían constantemente al mar para refrescarse y continuar sus pasatiempos, por la noche jugaron ajedrez por equipos, volvieron a prender la fogata, asaron bombones y reanudaron los cánticos que habían dejado inconclusos la noche anterior, ninguno de ellos se dio cuenta de cuando llegó una prostituta y comenzó a pedir auxilio porque la venían persiguiendo unos malandrines, en cuanto la vio, el padre de familia se puso de todos colores, a leguas se veía que la conocía, su esposa le atendió de unas rasgaduras que tenía en los brazos y cuando los niños se fueron a dormir, la mujer de la vida galante les estuvo platicando que la habían aventado de una camioneta en movimiento, les pedía su ayuda para que la llevaran al pueblo, la dejaron dormir en la 4x4 y le dijeron que ahí estaría segura porque tenía alarma, al otro día la dejarían en la comandancia de policía y todos tranquilos.

Llegó el otro día y la llevaron al pueblo, los adultos compraron baratijas de fayuca para los celulares de los niños y de regreso ya no jugaron, tampoco levantaron el campamento, se advertía la invasión de un ambiente tenso que iba a irrumpir negativamente en los iones de yodo que se respiran en el mar, por la noche tampoco prendieron la fogata, mandaron a los niños a dormir en cuanto el sol se ocultó y se fueron a discutir a la parte donde la arena permanece compacta por el agua salada, no cabe duda de que las mujeres al ver a sus rivales, tienen un sexto sentido para captar los engaños de un hombre, "a ver cabroncito —le dijo la mujer—, no esperes que te perdone ni que intente asimilar las mentiras que me vas a decir, lo que más nos duele a las mujeres es que los hombres nos quieran ver la cara de pendejas", se ve que había pulido la frase durante toda la noche y todo el día en que se mantuvo callada por respeto a los niños, el varón permaneció ecuánime aunque sus células misóginas comenzaban a alborotar su cerebro, ya no supe que pasó después, me tuve que retirar porque no estoy acostumbrado a soportar la violencia humana que se manifiesta en todos sus ejemplares por simples nimiedades, hay algunos conductores que hasta se dan de balazos porque se les cerró un carro.

Ayer encontraron el cadáver de una mujer en la playa y a unos niños aterrados en una tienda de campaña, hoy las noticias dicen que se presume que la mujer fue ahogada intencionalmente y que los cuatro niños, fríos de miedo, fueron entregados al orfanatorio de la localidad porque no podían hablar ni decir dónde vivían.

Hoy enseñé a jugar ajedrez a mi hijo, me gusta el ajedrez porque es el único deporte donde el jugador no se enoja con el rival, se enoja con él mismo porque pudo haber movido otras piezas para vencer a sus oponentes y no las analizó a tiempo.

Hoy las féminas cangrejo se manifestaron frente al consulado de la sociedad protectora de animales, llevaban pancartas que decían: "ni una +", su manifestación tenía un objetivo: exigir que se acabe la violencia de género en contra de las hembras de cualquier especie, las más agresivas están decididas a proponer que de aquí en adelante se consolide una sociedad cangrejera matriarcal, ponen de ejemplo a las abejas y a las hormigas donde los pocos machos son utilizados únicamente para la reproducción, dicen que en el caso de las hormigas de la Amazonia los machos ni siquiera existen, las hembras se reproducen de una forma asexuada muy similar a la clonación.

Continúan las protestas de las féminas cangrejo, hoy piden que los machos se desintegren para ellas reproducirse con el esperma que dejen, tal como lo hacen las hembras de los peces abisales en el fondo del mar.

Hoy vinieron unas tías cotorras y catrinas por los niños que estaban en el orfanatorio del pueblo, los reporteros de la nota roja del periódico de la localidad les sacaron una entrevista y las cotorras les explicaron que ellas y los niños, son descendientes directos del Barón de Cazones, que las locuras del matrimonio que vino a acampar en sus playas se debieron a las mezclas de la sangre incestuosa de sus antepasados, el Barón de Cazones se había casado con una hermana suya para conservar el título y la pensión que desde España les otorgaba el Condado Carolingio del Mollejón, ambos cónyuges padecían de hemofilia cerebral y la habían heredado a sus hijos y nietos, quizás por eso los niños no pudieron decir dónde vivían, testificaron que el asesino era su hermano y no sabían su paradero, dieron su dirección en Poza Rica y exigieron a las autoridades que les adjudicaran la custodia de sus sobrinos. Después de la entrevista, mostraron sus títulos nobiliarios y la administración del orfanatorio les entregó a los cuatro niños sin hacerles más preguntas.

Hoy fui a una castración de reses y me fije que los ganaderos lo hacían sin anestesia, sin métodos higiénicos y con prácticas sangrientas, en el corte del escroto jalaban los testículos de forma violenta provocando en los terneros sufrimientos innecesarios, podían hacerlo de manera similar a la vasectomía que los urólogos acostumbran con los humanos, pero por ahorrarse unos centavos, preferían realizarlo con los métodos bestiales dignos de su esencia, luego les aplicaron un hierro candente para marcar su propiedad, dicen que hay otros métodos menos invasivos pero no sé, los humanos, incluso consigo mismos, han realizado a través de los tiempos prácticas dolorosas con sus semejantes, a los esclavos los marcaban con fuego, a las niñas les aguijerean las orejas para que se vean más bellas con adornos suntuarios, algunos hombres se tatúan toda la piel para distinguirse de los demás y definir su apropiación a ellos mismos, otras se ponen aros en la nariz, en la lengua y hasta en los labios menores de los órganos sexuales, otros se cortan el prepucio por mandatos divinos, en fin, todos se mutilan sin consideración y solamente por el sentido de posesión o pertenencia. Al terminar la labor de castración, prepararon unas "criadillas" asadas y se las comieron que dizque para apoderarse del vigor del animal, ojalá y les dé "chorro".

Hoy vi un despacho de carnes finas traídas de Hermosillo, su lema es el siguiente: "si quiere suicidarse, nosotros le proporcionamos las balas", los cortes son caros y sin embargo el negocio siempre está a reventar, el ser humano es contradictorio en sus decisiones, si le prohíben un espectáculo, inmediatamente va a verlo, si le dicen que el cigarro es dañino para su salud, más fuma, en eso se basa la publicidad subliminal para inducir al vicio, las botellas de vino casi siempre traen calaveras disimuladas en las etiquetas porque un bebedor es un suicida en potencia, ante estas incompatibilidades humanas, en un futuro los cangrejos deberemos generar en nuestro caparazón un tatuaje que diga: "comer cangrejos es beneficioso para la salud", con esto ningún humano nos cazará para preparar cocteles, les sabrían horrible.

Hoy inician las vacaciones, los niños no tienen clases y los adultos piden unos días para irse a la playa, el lugar está saturado de tiendas de campaña, en una camioneta de redilas llegó una familia de quince miembros, llevaban hasta el perico, eran los padres, doce hijos y un abuelo calvo que corajudo iba en la ventanilla moviendo un lazo para un lado y para otro, no pude ver cuál era su función porque estaba lloviendo, me acerqué un poco para observar mejor las cosas y vi que uno de los limpia brisas no servía, los padres le habían amarrado el mecate para que el anciano fuera útil quitándole el agua de lluvia al vidrio durante el viaje.

Luego empezaron a bajar las provisiones para colocar la lona sobre las redilas y tener listo el dormitorio, el abuelo a cada rato refunfuñaba y el perico le repetía la única palabra que se sabía: REE-PELÓN, REE-PELÓN, los niños querían correr a la playa y la madre embarazada y con otro pequeño en brazos, los regresaba gritándoles nombres que no eran los suyos, lo bueno fue que llevaban cal y cavaron un sanitario que cubrieron con toallas, lo malo fue que cobraban diez pesos por utilizarlo, lo alquilaban a toda la población turística para financiar su viaje de regreso.

Hoy los padres de la familia que llegó ayer prepararon unas papas y churritos en un recipiente que llenaron con un poco de manteca de cerdo que llevaban para guisar frijoles, como no les ajustó la manteca, le cambiaron el aceite al motor de la camioneta y rellenaron la cazuela con el aceite usado para continuar guisando, entre sus hijos los guisos tuvieron bastante éxito, los sobrantes los vendieron a los turistas para obtener recursos y comprar unos tamales de zacahuil de los que pasan vendiendo en un triciclo, afortunadamente lo hicieron antes de que empezara la lluvia.

Siguen las lluvias y es una lástima, varios campamentos de familiares se han recogido por la preocupación a que continúen, "el agua puede echarnos a perder las vacaciones" —dicen—, no se integran a las diversas condiciones meteorológicas que ocurren durante un viaje y quieren llevarse hasta la televisión, los sofás y los aires acondicionados para soslayar las inclemencias del tiempo.

Hoy el sol está en todo su esplendor, los hijos de los padres de la familia que llegó antier estaban todos emocionados, sobre todo las niñas, decían que habían visto a Leonardo Di Caprio y que estaba en una tienda de campaña muy cercana a su camión de redilas, hasta afirmaban que había ido al baño y les había pagado con un dólar.

Hoy llegó un grupo de lobatos a acampar en la playa, traen varias tiendas grandes en la que se meten las patrullas para dormir, para quienes no lo sepan, los lobatos son los niños scouts y realizan excursiones a diferentes lugares tranquilos antes de arriesgarse a escalar montañas, van a las playas y a comarcas cercanas en donde acampan y aplican las máximas de ser siempre mejores, las patrullas son los pequeños grupos de seis lobatos comandados por un guía, en este campamento su zona de alimentos estuvo resguardada por las tiendas y todos se organizaron para colaborar en alguna actividad, hubo cocineros, aseadores, excavadores de letrinas y levantadores de tiendas, siempre estuvieron coordinados por varios religiosos a los que obedecían con lealtad, ellos tenían sus tiendas aparte y les preparaban juegos para mantenerlos en constante diligencia, algunos religiosos eran estimables pero había otros a los que la convicción no les era muy propicia, debía ser consultada con alguien a quien más confianza le tuvieras, por las noches algunos se llevaban a los niños a las partes más oscuras para enseñarlos a defenderse de los leones que querían comérselos.

La inundación del 99

Hoy fui de nuevo a la cancha de jai alai y ahora los deportistas jugaban frontón, seguido voy a presenciar los partidos que organizan los muchachos porque veo que al jugar, los equipos se emocionan con los rebotes en la pared y en el suelo de la pelota chica, las raquetas tratan de anticiparse a esos rebotes y los jugadores hacen interesantes piruetas para contestar las bolas que regresan de la pared posterior o pasan rozando la pared lateral, acuden varios practicantes y se organizan en parejas, a los que no les toca jugar, se alinean en la retadora para competir con los ganadores del partido anterior, hay un jugador que juega en la delantera y se lanza con entusiasmo por las pelotas que van bajas, rebotan entre las dos paredes del frente y cruzan rápidamente la cancha hacia el peligroso rayado exterior del piso de cantera, aún no conozco su rostro porque llegó todo hinchado de la cara, les dijo a sus compañeros que una pandilla de rijosos lo había montoneado y le habían roto los dientes con una tabla con clavos pero que ya estaba saliendo y podía jugar perfectamente, varios jugadores le dijeron que mejor se estuviera tranquilo disfrutando de los partidos, pero él se empeñó en retar y ese fue su infortunio, en uno de los rebotes entre la pared frontal y la lateral, no alcanzó la pelota, se tropezó y tampoco alcanzó a detenerse con las manos, cayó totalmente de bruces y se detuvo con la parte de la cara que no tenía hinchada, inmediatamente todo el rostro se le puso como chicharrón, se inflamó tremendamente y parecía el hombre elefante, sus compañeros lo llevaron a la clínica que está varias cuadras abajo, una clínica particular a la que las autoridades no les otorgaron el permiso de construcción porque estaba enclavada en una zona inundable, los dueños de cualquier manera la construyeron, dieron una mordida y se arriesgaron a diagnosticar enfermos a los que recetaban los medicamentos que les dejaban más comisión, "son unos mercaderes de la salud" —decía la gente del pueblo—, en cuanto llegó, inmediatamente aceptaron al muchacho y le prescribieron una infección urinaria por la que debía permanecer en terapia intensiva varios días.

Hoy no fueron a jugar los deportistas, están metidos en sus casas porque las lluvias han sido intensas, es invierno y la temporada de aguaceros en el Golfo de México es por estas fechas, el agua de lluvia es abundante y nadie la capta para reutilizarla, se ensambla con los nortes y caen del cielo caudales imposibles de canalizar otra vez hacia el río, algunos años ha hecho un frío insoportable, sientes que el agua helada se mete como culillo por las ranuras que nos quedan entre las conchas y la carne viva que acabamos de regenerar, ni enterrándonos en lo más profundo de nuestros refugios podemos controlar la desagradable sensación de soportar la escalofriante tortura, a veces me introduzco en los nidos de los pericos que cuelgan de las ramas de los árboles y se siente como cambia la temperatura, ellos tejen pequeñas brozas que acomodan de una manera tan perfecta que sin necesidad de calefacción solar la sensación térmica es agradable, empollan sus huevos en una tibia vivienda que se convierte en un formidable ejemplo de arquitectura vernácula, no obstante no puedo durar mucho tiempo calentándome, los polluelos comienzan a graznar y los padres llegan súper enojados a defenderlos, por más que trato de explicarles con mis tenazas que solamente pasé un rato a quitarme el frío, ellos comienzan a picotearme y a lanzarme con sus patas afuera de la complaciente madriguera, en situaciones de invasión a su territorialidad sus hormonas se disparan y son bastante agresivos.

Continúan las lluvias, parece ser que el cambio climático causado por el hombre inicia su venganza en contra de los individuos que han perturbado la excelsa naturaleza, los huracanes son cada vez más fuertes y constantes, el sol del verano es mucho más caliente que hace pocos años, las tortugas recién nacidas no pueden caminar sobre la abrazadora arena para llegar al mar y muchas mueren en el camino, los bañistas presentan manchas que antes no se les percibían, llegaban con la piel blanca y se iban con la piel curtida, ahora deben asolearse solamente por muy poco tiempo, los chubascos son más frecuentes y en épocas fuera de contexto, el frío se siente en extremo, espero que pronto se calmen las precipitaciones, no vaya a suceder una inundación como la del 55, cuando hubo una tragedia que generó una mortandad terrible, los habitantes del pueblo andaban como zombis sin reconocer ni a los miembros de sus propias familias, en esta zona del mundo los lugareños no están preparados para adaptarse a este tipo de fenómenos climáticos.

Ayer empezó a crecer el río y hoy la subida del agua llega metro y medio arriba del desplante de los muros de cualquier casa, lo primero que desapareció fue el piso de la cancha de frontón, las altas paredes donde rebotaban las pelotas son ciegos, mudos y pelones testigos inconscientes de los seres invisibles que intentan caminar por entre las aguas sin un objetivo definido, cargan colchones y tratan de llevarlos a las partes seguras donde no se les pudran los resortes, gritan a las personas que se salgan de sus casas y se trasladen a las azoteas, agitan sus brazos para llamar la atención de los helicópteros que sobrevuelan el área y piden ayuda a quienes se encuentran intentando hacer lo que sea para morir dignamente, cuentan las malas lenguas que abrieron las compuertas de la presa de Necaxa porque los diques estaban a punto de reventar y para no causar una catástrofe mayor se vieron en la necesidad de desalojar el agua que inundaba el embalse, el poblado está todo anegado, parece una película surrealista de las que filmaba Buñuel, las gentes no saben qué sucede, hablan de tsunamis, de desaparecidos y de ahogados, se refugian en los cerros cercanos y hay algunos que se niegan a desalojar sus viviendas, durante la noche pasada no pudieron dormir porque el agua empezó a lamer las patas de sus muebles, no creyeron que subiera más, luego que mojó las almohadas se levantaron y supieron que el nivel les llegaba hasta las rodillas, todos los objetos de adorno nadaban en los charcos que se formaron en los recovecos de sus hogares y salieron a pedir auxilio, nadie les hizo caso porque no había luz y todos estaban apurados intentando salvar lo que se pudiera, algunos fueron remolcados rumbo a casas vecinas donde se aferraron a cualquier reja de las que protegen las ventanas.

El problema principal no fue en el pueblo, fue en las rancherías aguas arriba donde las chozas son de carrizo y las gentes no pueden agarrarse de nada, se subieron a los árboles para intentar salvarse y sólo pudieron lograrlo por un corto tiempo, los árboles fueron desenraizados y el día de hoy los helicópteros del ejército no pueden rescatar a todos los que la corriente arrastra, familias enteras van pidiendo auxilio aferrados a fuertes troncos que los llevan por el río mar adentro, es desesperante la impotencia que se siente ante la magnitud de los desastres que pudieron ser evitados; si los humanos no se hubieran pronunciado por la acumulación competitiva de lo que ellos denominan con orgullo "la revolución industrial", hoy estaríamos comiendo un asado de berenjenas en las rancherías cercanas. Yo por mi parte, estoy trepado muy tranquilo entre las ramas de una palmera de coco nucifera y me bajaré cuando los remolinos que veo debajo de mí se calmen.

Hoy me encontré con personas que nadaban en la corriente y decían que ya se iba a acabar el mundo, yo creo que se habían metido hasta los dedos para no sentir la tragedia de la inundación, la droga les permitía bucear y divertirse con las revolcadas aguas sin percatarse del peligro que representaba su aventura, flotando en el agua se encontraron una botella de champagne de seis litros, era un "Dom Pérignon Rose Gold", le rompieron el corcho y se la bebieron como si fuera lo último que pudieran haber hecho en la vida, la verdad, si yo fuera humano hubiera hecho lo mismo, la inundación es terrible y me ha transportado varias veces a lugares que están fuera de mi estabilidad arenera, varios cangrejillos parientes han perdido la vida y eso hace que mi comportamiento comience a tornarse agresivo, las gentes me patean y me piden que salga de su camino porque van con una cubeta a conseguir un poco de agua para tomar, en una casa hay un pozo en el que hacen largas colas de más de un kilómetro, se forman ordenados sin saber hacia dónde mirar y llenan sus cubetas para continuar su travesía rumbo a ningún lugar, hay quienes sacan lanchas de remos para llegar a domicilios inexistentes que se llevó el río, otros buscan familiares que los saludan muertos desde la profundidad del océano, el hombre elefante sigue en terapia intensiva en la clínica particular inundada, nadie ve por él, está agónico y corre el riesgo de fallecer en cualquier momento.

Hoy llegó un matrimonio de Córdoba a ayudar en las labores de rescate, son un matrimonio de dos veteranos altruistas que tienen parientes en la zona y vienen a ver en que les pueden arrimar el hombro, llevan treinta años de casados y no tienen hijos, tan sólo su presencia es bastante apreciada por sus conocidos, trajeron garrafones de agua, galletas y varios botiquines de primeros auxilios que repartieron a la población que se formaba en interminables filas, por la noche la esposa se sintió mal, devolvió el estómago y se recostó un rato para recuperar fuerzas después de la intensa labor, en el mismo instante en que se recostó se quedó dormida.

Hoy supimos de una noticia extraordinaria, la esposa del varón altruista está embarazada y nadie se lo cree, todos les dicen que es un milagro por la ayuda que están prestando, la mujer se ha quedado con una hermana suya y el esposo continúa con las faenas de rescate, me imagino que van a quedarse varios días, el embarazo va a ser de alto riesgo y necesitan organizarse para digerir de nuevo el sueño encantador que ya habían desechado desde hace más de veinte años.

Hoy desapareció la clínica con todos los enfermos que esperaban su restablecimiento, no eran muchos, estaba el hombre elefante y dos mujeres que habían dado a luz a dos varones, los dueños no las dieron de alta para que estuvieran más días hospitalizadas y poderles cobrar su estancia, afortunadamente unos rescatistas acudieron a los gritos de auxilio e intentaron sacar a los enfermos, no pudieron acceder más que a la sala de maternidad debido a que la corriente era demasiado fuerte, los recién nacidos estaban a punto de ahogarse, ya casi en los últimos momentos durante los cuales el alma comienza a desprenderse de los lánguidos cuerpos, el hombre elefante sacó fuerzas de su debilidad, los removió de las incubadoras, les dio respiración de boca a boca y los aventó a los rescatistas antes de que el torrente de agua lo arrastrara hacia el mar junto con las dos señoras, la gente después de la inundación le hizo un merecido homenaje y a los recién nacidos hoy los ven como los niños milagro, yo escribo en mi diario que quien sabe que vaya a ser de sus vidas, tienen pocos parientes y la mayoría viven al día buscando el sustento para sus numerosas familias, espero que algún familiar caritativo los adopte y los eduque dentro de los lineamientos morales que tenemos los crustáceos, ojalá nuestra condición solidaria les sirva de ejemplo.

Hoy los helicópteros rescataron una camioneta todo terreno que arrastraba el violento caudal del río desbordado, dentro iba un automovilista que parecía haber manejado día y noche durante meses, seguido regresaba a las playas del pueblo donde se levantan los campamentos por circunstancias no definidas en su mente, cuando lo rescataron el conductor sorprendió a un oficial que resguardaba de los robos a la población y le sacó su pistola de la funda, cortó cartucho y se dio un tiro en la sien.

Hoy se aplacan las aguas y comienza a llegar la ayuda internacional de varios países del mundo, la gente inicia el restablecimiento de sus viviendas, ríos de lodo salen de las casas, las autoridades confiscan algunas cajas de ayuda y las venden para financiar las próximas elecciones, la población aturdida por el desastre se percata de esos robos pero prefiere no manifestarse, están demasiado inmersos en los problemas familiares presentes y no tienen tiempo para pensar en un futuro.

Después de varios días, cuando en el pueblo comenzaba a reactivarse la economía, inició la temporada de ciclones, me acuerdo que antes, cuando era larva, solamente había nortes, pero ahora con las temperaturas extremas y el choque continuo del aire cálido y frío, las fiebres del mar se han posesionado de la Tierra y los nortes se han convertido en peligrosos huracanes, hoy los comerciantes del pueblo cerraron sus negocios y se fueron a reforzar con cinta adhesiva las ventanas de sus viviendas, les pegaron unos símbolos en forma de cruz gamada que para los vendavales de más de 250 km/h no significaban más que un simple pasador de los que usan las mujeres en el cabello, mañana se esperan tremendos ventarrones huracanados que pueden quebrar los vidrios y demoler los interiores deshabitados de cada uno de los cuartos, las autoridades recomiendan a la población trasladarse a los refugios para evitar desgracias innecesarias.

Esto fue precisamente lo que sucedió el día de hoy: los pobladores se refugiaron en la iglesia y los vientos rompieron los emplomados que tenían las ventanas, las cuales afortunadamente estaban en la parte alta de las paredes de la iglesia, así, las ventanas evitaron que las ráfagas llegaran a la gente amedrentada, quienes hincados daban gracias a Dios por el milagro de que las hubiesen construido en la parte alta, oraban arrepentidos para que pasara el ciclón y nunca oraron para que quienes lo habían provocado, fueran juzgados por el intento de homicidio involuntario que estuvo a punto de sucederles, el raro huracán que asoló la región y que se formó dentro de la bahía de Campeche, fue producto de la contaminación atmosférica emitida por un vecino país poderoso que se apropia de los espacios naturales y desecha en ellos lo que se le antoja, lo hace sin asumir las consecuencias de su despilfarro energético. Como respuesta a sus averías ambientales, los cangrejos del mundo estamos desarrollando un lenguaje telepático con el fin de influir en las tropas de ese poderoso país y sugerirles que se rindan ante las fuerzas pacifistas de la naturaleza.

Hoy encontraron en la plaza del pueblo los restos de la efigie de San Francisco de Asís, fue sacada y hecha trizas por los vientos huracanados que ayer estropearon la iglesia, es una pena que haya sucedido esto precisamente con la efigie de San Francisco, varios artesanos intentaron repararla pero fue imposible, el barro se había desintegrado en un polvo rojo demasiado fino que dificultaba su ensamble en el rompecabezas de la estatua, digo que es una pena lo sucedido con la estatua, porque los cangrejos y todos los animales del mundo nos quedamos sin el santo patrono que protegía a los toros de la tortura de los toreros, a los pollos recién nacidos de la muerte masiva de machos, a las ballenas de los pescadores furtivos y a las focas bebes de los apaleadores del ártico, desgraciadamente los animales no creemos en los milagros y vamos a tener que seguir sufriendo y trabajando como siempre lo hemos hecho para superar el problema de habernos quedado sin santo patrono, también los humanos podrán continuar con su estilo de vida orando a las imágenes de santos millonarios arropados en preciosos abrigos de visón.

Hoy terminan los ciclones y comienza la temporada de frío, las temperaturas extremas son cada año más insoportables y los cangrejos no estamos acostumbrados al intenso frío, por estas fechas en Inglaterra han muerto más de cuarenta mil ejemplares por salir de su refugio sin estar bien abrigados, les ha dado hipotermia, nosotros no somos como los osos tardígrados que aguantan temperaturas de 273°C bajo cero.

Que rápido se pasa el tiempo, acaba de pasar el invierno y ya se sienten los infernales calores del verano, dicen los cangrejos migrantes que en Mexicali las temperaturas han subido más de 50°C, la ciudad está en un agujero de 2m abajo del nivel del mar y va a ser de la primeras ciudades que desaparezcan del mapa cuando por el deshielo de los glaciares aumente la cota de los océanos, yo me acuerdo que antes, cuando llegaban a los 40°C, decían que se podía freír un huevo en los cofres de los carros, ahora con los incrementos de temperatura, estoy seguro de que se pueden hacer carnitas sin ningún problema.

Hoy la temperatura es irritante, los vendedores de abanicos han puesto un tianguis en el que exhiben sus artesanales prendas, yo les digo que deberían incluirles un sistema portátil de congelación para evitar el uso excesivo de los aires acondicionados en las casas, se desperdicia demasiada energía con estos artefactos que mueven el medidor de luz como si fuera un taxímetro.

Hoy hubo varios desfallecimientos causados por los calores, dentro de poco tiempo los individuos van a caer inertes al no poder soportar la bochornosa canícula, los síncopes por insolación están a la orden del día y en varios lugares del mundo la gente cae desencajada en el mismo lugar por donde camina, el año pasado en el pueblo murieron cuatro niños, dos adultos, ochocientas tortugas y mil doscientos cangrejos debido al estrés térmico.

La gente hoy no sale de sus casas por el diferencial de temperatura que se siente a la sombra y al sol, saben que no es lo mismo la sombra de un techo que la sombra de un árbol, pero no se atreven a cruzar el tramo de sol que los separa de la sombra fresca de algún árbol frondoso, casi no se siembran en el pueblo.

Hoy me desmayé por el calor, los cangrejos nunca sufrimos desmayos pero con la alteración por parte del ser humano de las regulaciones climáticas que realiza la Tierra, se han dado excepciones difíciles de creer, hay cangrejos trastornados de sus antenas sensoriales que trepan a los nidos que las aves tejen en los árboles, les quiebran las alas, las derriban y a pesar de que somos vegetarianos, se las comen sin ningún remordimiento.

Hoy fui con un veterinario a que me diera algunas vitaminas para soportar los calores, me recetó unas gotas de suero preparado, en una copa tequilera debo poner un poco de agua de mar endulzada con media cucharada de miel de abeja, yo le digo que en estos tiempos es muy difícil conseguir la miel de abeja, los insectos están desapareciendo por millones debido a los fertilizantes químicos utilizados para destruir la "yerba mala" y a ver luego quienes van a polinizar las flores, le recalco que no hay yerba mala y que los cultivos deben ser mejorados con fertilizantes orgánicos.

Después de varios días por fin unas abejas silvestres conocidas mías me consiguieron la miel y yo en mi refugio tengo varias copas pequeñas de vidrio para reutilizarlas continuamente, el plástico debiera estar prohibido, nos amenaza con extinguirnos. Hoy voy a tomar el suero para ver si me funciona.

La semana que viene está anunciado un "norte", los nortes en el Golfo son pequeños ciclones que sin previsión entran en las costas, Cuba es de los países donde pegan más fuerte estos fenómenos que se forman en el Atlántico, sin embargo, el sistema de solidaridad que han construido con su revolución, les ha impedido la amargura de las muertes previsibles, le voy a preguntar a mi padre como le han hecho para protegerse, no de los huracanes que los azotan y sobre los que no tienen ninguna culpa, sino del sistema de ayuda que se prestan desde el momento en el que se anuncian las catástrofes, él conoció a Fidel Castro.

Me dice mi padre que los "nortes" cada vez más huracanados, son provocados por los choques del aire caliente en contra del aire frío, que antes no se sentían tan fuertes porque las temperaturas no eran tan extremas, pero que ahora con el calentamiento de la Tierra causado por la ambición de los países imperialistas, el aire tórrido de algunas regiones del Atlántico se encuentra con el aire frío del mar y los desastres causados por estos fenómenos "naturales", se han multiplicado. "En Cuba —me explica mi padre— los han atacado con un sistema en el que desde que se sabe que su dirección es encauzada hacia la isla, las familias que se encuentran desprotegidas se trasladan a domicilios resguardados a los que los paramédicos voluntarios les llevan los suministros necesarios, esto los ha convertido en el país con menos afectados después del paso de las inclemencias".

Mi padre combatió junto a Raúl Castro

Mi padre es de Tuxpan Veracruz, un lugar precioso donde el rio Pantepec pinta sus meandros en el centro del pueblo, el agua dulce del río divide a Tuxpan de Santiago de la Peña, ahí se embarcó Fidel Castro en 1956 en el buque "Granma", lo hizo junto con 82 valerosos combatientes dispuestos a dar la vida con el fin de liberar a Cuba de las garras de los EEUU, imperio que tenía dominado al país por medio de un lacayo mequetrefe que ni vale la pena mencionar.

Hoy nos contó mi padre que poco tiempo antes de embarcarse hacia su aventura revolucionaria, llegaron a Tuxpan algunos de los muchachos manifestando una alegría contagiosa que nadie podía adivinar que se debiera al próximo encuentro con su destino, habían encontrado en la tenacidad y en la determinación de su líder la justificación de su existencia y no iban a dejar en manos de los corruptos el futuro de la isla, al único mexicano que se embarcó con ellos, al coahuilense Alfonso Zelaya Alger, sobrino del notable poeta hondureño Alfonso Guillén Zelaya, lo localizaron en Jalapa, andaba escabulléndose de una persecución policiaca y apenas llegó a tiempo para lograr el enganchamiento de sus ideales.

En lo que cargaban los pertrechos, mi padre subió por las cuerdas por las que bajan las ratas en caso de algún naufragio, vio a varias que abandonaban el buque y se atrevió a mover sus tenazas para apurarlas, debían dejar el espacio a los jóvenes héroes que se disponían a derrocar a un dictador golpista, ya que la embarcación era sólo para 20 personas y los revolucionarios eran 82.

En el trayecto sucedieron cosas importantes, no encontraban las pastillas para el mareo y los nortes en el Golfo son tremendos, todos los revolucionarios vomitaban pero no se perdía el optimismo y la alegría, Fidel les había dicho que si salía, llegaba, que si llegaba, entraba y que si entraba, triunfaba, mi padre se escondió en la cubierta, cerca de donde Fidel estuvo ajustando las mirillas de los fusiles durante toda la travesía, traía un gripón terrible, pero la emancipación de su pueblo compensaba la afección de cualquier enfermedad, en su mente bullía la consigna que proclamaba en sus discursos: "seremos libres o seremos mártires", sabía lo que quería y a eso dedicó toda su vida, era un combatiente diferente, hablaba mucho pero para decir las cosas como son, no para no decir nada como hacen los políticos corruptos, tenía sus objetivos perfectamente definidos desde que descubrió su vocación de líder, intuía cuando debía dejar pasar el tiempo y actuaba en el momento preciso, su revolución no abandonaba a quienes por su firmeza de convicciones hubiesen sido capturados o heridos.

"Llegamos dos días después de lo planeado —nos contó mi padre—, en Santiago de Cuba ya se habían levantado las juventudes revolucionarias del movimiento 26 de Julio, quienes aparte de distraer al ejército para facilitar el desembarco, luchaban por la libertad de un pueblo que había vivido honrosamente influenciado por los ideales de José Martí. El líder de las juventudes revolucionarias había recibido un telegrama desde México, la partida estaba planeada para el día 27 de noviembre y los muchachos en tierra suponían que a estas alturas ya estarían bajando los arreos del buque, no contaban con el hombre al agua por el que se había pospuesto un día la llegada para poderlo salvar de las encrespadas mareas, menos con la selva de manglar que les impidió la oportuna incursión, ahí fue donde yo me hice presente —continuó relatando mi padre—, me interné por entre las intrincadas enramadas de los árboles y los fui guiando por senderos seguros en los que podían pisar con solidez, conocía perfectamente ese tipo de terreno fangoso en el que había nacido, al llegar a tierra firme, me incorporé a la unidad de Raúl Castro que iba en la retaguardia, en el día los hombres se adelantaban, pero en la noche yo los alcanzaba y vigilaba que no hubiera esbirros de Batista, los cangrejos dormimos en estado de alerta permanente para que no nos ataquen los depredadores, así estuvimos cinco días caminando rumbo a la Sierra Maestra hasta que nos sorprendieron en Alegría de Pio, Raúl y sus subordinados se atrincheraron cerca de un cañaveral esperando que los aviones y las patrullas se diluyeran en su propio afán por no haberlos visto, al sexto día desperté a Raúl rascándole la cabeza para apurarlo a seguir, el ejército se estaba acercando peligrosamente y nadie lo había percibido, por poco lo dejo calvo, la fatiga y la falta de alimento lo habían vencido y Raúl no atendía a mis reclamos tan fácilmente, afortunadamente pudieron salir y se encontraron con Fidel en los linderos de la cordillera donde se pelearían férreas batallas para conseguir sus objetivos, el pueblo de Cuba estaba harto de ser el burdel de los norteamericanos y apoyaron incondicionalmente a los revolucionarios, quienes entraron triunfantes a la Habana el 1° de enero de 1959".

Mi padre se regresó antes en un yate de unos gusanos que habían explotado durante años a su propio pueblo, huyeron antes de que los fusilaran, a mi padre no le tocó saborear la aureola de la honestidad, varios abriles después de que los revolucionarios asumieron el poder, supo de las críticas de los adalides del capitalismo por haberse declarado comunistas, una noche mi padre me llamó y me dijo en la calidez de la familiaridad que no tenían otra opción, nadie les compraba el azúcar, los únicos con los que pudieron consolidar una negociación fue con los soviéticos y ellos la costearon con la condición de que se proclamaran seguidores de las teorías de Marx, el mundo no lo entendió así y los EEUU convencieron a sus serviles ideológicos de imponer un boicot en contra de cualquier producto cubano, de igual manera se sancionaba a quienes les vendieran lo indispensable, ignoro si actualmente continúa el boicot, pero me llena de admiración un país que sin petróleo y sin productos básicos, ha mantenido a sus habitantes durante más de sesenta años en un nivel cultural en el que la educación, la medicina y el deporte son los indicadores del progreso que han alcanzado, comprendieron muy bien los tiempos modernos y no se alinearon con la competencia, la especulación, la desigualdad y la acumulación de capitales.

Los cubanos sufren cada año tremendas embestidas causadas por los gases de efecto invernadero que emiten los países vecinos y se han mantenido dentro de los lineamientos revolucionarios naturales de un movimiento en favor del hombre nuevo preocupado por el medio ambiente, hoy manifiesto en mi diario mis respetos para una isla con una consciencia cívica ambiental de avanzados conceptos.

Hoy murió mi padre, lo apachurró un camión de redilas que se metió hasta la playa para bajar a unos guaruras que cuidaban de un presidente que vino a verificar la eficiencia de un gasoducto de 48"Ø, en su lecho de muerte me alcanzó a aclarar que ese gasoducto no servía para nada, que él se había metido varias veces dentro del tubo y había visto que llevaba muy poquito gas, me especificó que el gas asociado que producen los pozos petroleros de las plataformas del Golfo, no es suficiente para llenar semejante colector, que hubiera sido hasta conveniente habilitar un ducto de sólo 10"Ø y con el dinero sobrante construir una refinería, yo le dije que la obra no hubiera sido tan monumental y no se hubieran enriquecido varios presidentes, secretarios, subsecretarios, gerentes, superintendentes y residentes.

Hoy me voy por el gasoducto a visitar a los parientes que mi padre dejó en Tuxpan, también a avisarles que ya murió su hermano, me meto por una terminal de envío que abren para meter un "diablo" de limpieza, me cuesta trabajo respirar, pero en cuanto abren la válvula, me prendo del diablo y llego a mi destino en menos de dos horas.

Llego todo mareado a Tuxpan y con mi caparazón raspado por el roce con los tubos corroídos, en lo que reciben el "diablo" me aíslo de los trabajadores petroleros que andan pedos y quieren algo de botana, en las cercanías trato de preguntar por los parientes de mi padre y todos los cangrejos me dicen que ya murieron, que una vez organizaron una fiesta para despedir a un ingeniero y los obreros anduvieron recolectando jaibas para hacerlas cocteles, como en la planta de almacenamiento y distribución son miles de trabajadores, la población de cangrejos se vio afectada durante más de dos años.

En vista del éxito obtenido y lo desfallecido que me siento, descanso un día y hoy decido regresarme por carretera para mover mis apéndices articulados, hacer algo de ejercicio y mantener mis antenas sensoriales en perfecto estado de salud, me voy por la orilla de la carretera, por el lado de lo que algunas personas denominan "el acotamiento", varios choferes se estacionan para orinar y cuando arrancan me empolvan con el mofle de sus vehículos, me dejan todo meado y oliendo a petróleo quemado, a veces me subo al pavimento y se me queman las seis patas y hasta parte de las tenazas, es un cuerpo negro de asfalto que absorbe la radiación solar y no la disipa al exterior cuando hace frío, la mete al subsuelo para contribuir con su granito de petróleo al calentamiento de la Tierra, creo que salió peor venirme por la autopista, a ver si no llego otra vez completamente aletargado a Tecolutla.

Hoy pasé por la zona arqueológica de las pirámides del Tajín y me detuve a admirar a los voladores de Papantla, son hombres que le tienen un profundo respeto a la Tierra, su rito de purificación les exige pedirle perdón por el árbol que van a derribar para después amarrarse de él y solicitar con su vuelo la abundancia de cosecha de maíz que necesita su pueblo durante todo el año, el árbol no debe ser mancillado por ningún impío so pena de caer de alturas mayores a treinta metros, que es la altura en la que los cuatro voladores, que simbolizan los cuatro puntos cardinales, generan las trece vueltas que abrazan al ciclo solar del fuego nuevo.

En una ocasión una periodista brincó el palo bendito que debe durar treinta días en el bosque sin que nadie lo toque porque hay que permitirle la comunicación sagrada con su sembrador natural, la periodista nada más lo brincó y cuando lo plantaron para volar, el caporal dio un traspiés y cayó al suelo muriendo de inmediato, no alcanzó a soplar ni la primera nota de su chirimía, tampoco a redoblar el tamboril de los dioses.

Hoy vi un palo de treinta metros tirado en el suelo, no sé si este bendito o si los cangrejos también seamos portadores de la maldición que se trasmite a los voladores de Papantla con solo tocarlo, por las dudas mejor le di la vuelta y continué mi camino por otro sendero.

Hoy paso por una ciudad que antes vivía del ganado y ahora vive del comercio, la mayor parte de ese comercio son cervezas, pollos y enseres que venden al turismo que va a la playa, es una población con gente amable que no sé por qué no ha desarrollado su propia industria sustentable, por el cambio climático dentro de muy poco tiempo la gente va a tener que consumir menos carne y ellos se van a quedar sin ingresos.

Me arrepiento de no haber ido a conocer la Huasteca Veracruzana, ya estaba en Tuxpan y no me hubiera costado ningún trabajo desviarme un poco a la sierra para examinar las cuevas donde se ha corroborado el origen y la evolución del maíz, según los huastecos, una cultura poco investigada y que parece fue más importante que la cultura teotihuacana, el maíz es el eje rector de la vida, la humanidad está hecha de maíz, es el ordenamiento de la historia, la cosmogonía y la vida diaria, sin el maíz no se hubieran concebido los procesos naturales de la evolución y no hubiera surgido el hombre.

En el Popol Vuh, los mayas vencedores del inframundo, decían que el hombre había sido creado tres veces con la finalidad de hacerlo cada vez más responsable del resguardo del orden perfecto de la naturaleza instaurada anteriormente, en las dos primeras en que lo hicieron de barro y madera, los Señores de Xibalbá fracasaron en su intento y en la tercera perduró porque había sido moldeado con maíz, cuando fue de barro el agua lo deshacía, cuando fue de madera no tenía alma y se convirtió en chango y cuando fue forjado del maíz, tenía todos los elementos que conforman la vida material y espiritual, tenía íntegras las aptitudes para conservar la grandiosidad del mundo y todo se lo debía al maíz.

Dice la canción que "para hablar de las Huastecas, hay que haber nacido allá", yo nací cerca y por eso me arriesgué a investigar sobre esta desconocida cultura, me dicen otros cangrejos violinistas que desde hace mucho tiempo se han dejado de realizar miles de cosas por temor a la crítica, yo considero que algo importante en la vida es decir lo que uno piensa y que si a alguien le sirve lo escrito, se ha dado un paso trascendental en la autovaloración de la propia existencia, por eso estoy anotando todo lo que sé de la región huasteca: hace poco se encontró un calendario lunar más grande que la piedra del sol de los aztecas y más exacto que la misma luna.

Ha pasado algo de tiempo y aún permanezco en este mundo con bastante vigor físico, no sé si soy inmortal o los genes de mi abuelo y de mi padre se fortalecieron para heredarme la capacidad de vivir más, las tres generaciones fuimos criados con las féculas del maíz que fue descubierto en las huastecas y que además también come el zooplancton de los manglares del que nos alimentamos cuando somos larvas. Si me dan a escoger entre ser inmortal o morir, yo prefiero lo segundo, no me gustaría ser un insustancial cangrejo violinista reptando en una eternidad aburrida.

Los animales no tenemos alma, ¿Será por eso que nuestros actos son más acordes con los procesos naturales?, cuidamos el medio ambiente porque el medio ambiente nos cuida a nosotros, protegemos la vida porque la vida interaccionó con la atmósfera para crear la biósfera, y la biósfera auto-regula su estado natural para darnos lo que necesitamos, todo tiene valor únicamente por existir aunque sea un grano de arena inanimado y represente la inútil parte de un conglomerado, su origen fue estampado por los primeros átomos de los gases del universo y de su incomprensión surgió la vida, son los ancestros del alma, en el principio sólo había hidrógeno, las piedras fueron la conjunción de los átomos huecos en los que las explosiones atómicas modelaron su forma, la energía solar es la creadora de la vida y el Sol es su único Dios, los vegetales lo saben y por eso lo adoran, le tienen fe y confían en su radiación para transformar las moléculas gaseosas en oxígeno libre, ese oxígeno libre es el que respiran los huapangueros para cantar los sones veracruzanos, la celulosa restante les brinda el carbono, el hidrógeno y el oxígeno para fabricar sus guitarras y sus violines, la fórmula química de la madera los incita a componer sus huapangos, cada sonido que tocan y cada palabra que improvisan esculpe el espíritu de su trío, demos gracias a esos alegres pobladores amantes de la música folklórica el habernos explicado con la espontaneidad de sus versos el origen del Universo.

En el Chilam Balam de los cangrejos se dice que cuando todo estaba dispuesto en el Cosmos para llegar a la perfección en la Tierra, grupos de vivales bajaron de su pedestal a los animales adelantados y les dijeron que eso no estaba bien, inventaron otro Dios que contrapuso sus ideas al desarrollo sustentable logrado en millones de años, quemaron al Dios original que había manifestado en la naturaleza un equilibrio en proceso con el que manejaba de forma benéfica para todos, la evolución de las incipientes formas de vida, el nuevo Dios hizo a los hombres egoístas, los saturó de trastornos de superioridad que manifestaron matando animales y plantas, ellos podían hacer lo que quisieran con los entornos que habían luchado durante siglos para mantener el medio ambiente en la misma esencia reproductora con la que nació, acabaron con el paraíso terrenal, tenían la inteligencia y la aprovecharon para impulsar la creencia de dominación sobre lo anterior, no contemplaron la ayuda que se prestaron las formas primigenias de vida para darles, a través del tiempo, el razonamiento que paradójicamente hizo vulnerables a otras líneas de la evolución, concibieron el dinero y le dieron valor a lo antinatural para acumularlo, fraguaron sistemas económicos destructores de lo auténtico, asesinaron a los vegetales y a los animales elegidos por la naturaleza para servir de ejemplo, sus acciones forjaron el presente que estamos viviendo y por eso serán castigados, serán eliminados del escenario natural en fase de refinamiento, el calor y el frío los derretirá como chicles de plástico sin el sabor de la savia vegetal, tendrán que soportar catástrofes que nunca pensaron que sucederían al alterar la substancia sublime del Universo, la no apropiación de reglas escritas desde la primera explosión, los sumirá en un sifón de terquedad en el que verán el infierno del inframundo y su sufrimiento será eterno, no tendrá cura.

Hoy tuve noticias del matrimonio que vino de Córdoba por lo de la inundación, me dicen mis contactos que la esposa dio a luz a una preciosa niña.

Desde el martes cambié de actitud

Hoy me desperté temprano, es miércoles, día dedicado al dios Mercurio, mensajero de los dioses y dios del comercio, desde ayer estoy meditando en cómo los animales y las plantas se ayudan mutuamente para protegerse y mantener el equilibrio de la naturaleza, ella les otorga sin condiciones la posibilidad de haber nacido con renovadas características más acordes con el medio en el que viven, así pueden desarrollar sus facultades para mejorar la evolución conjunta de todos los seres vivos y por consecuencia la especie a la que pertenecen cada día será mejor.

Observar esa actitud de seres supuestamente instintivos, me hizo reflexionar y modificar mi postura ante los pequeños problemas que se presentan cotidianamente en mi vida, sobre todo los que tienen que ver con las especies casi siempre invisibles y de las que nadie advierte su presencia, pero que se sabe que fueron imprescindibles para poder haber llegado a la condición de cangrejo violinista en la que me encuentro en este instante particular de mi vida.

A veces creo que los humanos siguieron un sendero diferente al de nosotros, se enfrascaron en guerras mundiales para demostrar su poder hegemónico en lugar de ayudarse mutuamente para conformar una especie que pudiera controlar la sobrepoblación y tuviera reservas de alimento suficiente para todos, gastaron sus recursos naturales en crecer económicamente y manifestaron ante los demás que su estilo de vida derrochador era mejor que un estilo de vida austero y conservador de los ambientes donde vivimos todos, investigaron sobre la energía nuclear para destruirse y dejaron fuera de su conocimiento al sol, la estrella que les pudo dar durante siglos el combustible gratuito sin extraer carbón ni petróleo, elementos nefastos y destructores de la atmósfera que nos otorga la protección, inventaron sistemas económicos de competencia en los que el que más acumula más valor tiene, en todo se rigen por el dinero y han disminuido su coeficiente intelectual al construir robots que les facilitan la vida, esto les ha limitado la percepción para vislumbrar que la destrucción de la naturaleza es una trampa mortal programada por ellos mismos para su extinción, los robots que están construyendo esperan pacientemente a que se degrade su inteligencia para sustituirlos.

Entre los animales no sucede nada de eso, yo nunca he visto a una hormiga que se lleve las hojas que corta a un lugar lejano de su madriguera y las guarde para venderlas después en mejor precio, tampoco a ningún león que cace para almacenar la carne y esperar a que suba su arancel en la bolsa de valores, realmente los cangrejos estamos muy preocupados por ese engaño que están articulando los humanos para su propia extinción, viven creyendo que su estilo de vida es la culminación de la evolución y no es cierto, únicamente impulsa el desequilibrio reproductivo de todas las especies del Planeta, nosotros los cangrejos tratamos de ayudarlos a que corrijan su camino, sabemos que todas las especies de vegetales y animales son necesarias para continuar puliendo en paz el transcurso evolutivo del Universo.

Jueves, día dedicado al dios Júpiter, en la mitología romana era el padre de todos los dioses, en la mitología griega lo llamaban Zeus, hoy pienso en que los seres humanos caminan en retroceso, van hacia atrás como todos los cangrejos, menos yo, los animales nos preguntamos cual va a ser el futuro de un Planeta amenazado por las personas que sacan provecho de su explotación sin obedecer las leyes que nos guían a nosotros, leyes naturales que nos brindan la posibilidad de vivir en armonía entre todas las formas de vida, los animales las acatamos sin hacernos la guerra para conquistar los territorios que les pertenecen a las especies menores, estamos convencidos de que las fieras tienen su nicho ecológico y se desarrollan a su gusto dentro de sus parámetros naturales, por eso son escasas en el mundo, a los insectos les sucede los mismo y por eso son muchos, cada especie vive su vida sin molestar a nadie, colaboran en lo que pueden para que surjan nuevas formas que mejoren el medio ambiente, promueven la aceptación de la consciencia instintiva sana para que esa mejoría repercuta en la superación de sus descendientes y los eleve a niveles que nunca imaginaron sus ancestros.

Viernes, no sé de qué fecha, día de Venus, diosa de la belleza, en algunas ocasiones los humanos, sobre todo los negacionistas del calentamiento global, intentan desmoralizarnos con base en las conocidas triquiñuelas que han manejado desde siempre en contra del equilibrio de las especies que nos preocupamos por darles una mejor vida, lo hacen para extinguir la biodiversidad y llenarse los bolsillos con papeles a los que ellos le llaman "dinero", algunas aves, ya desesperadas, están organizando un boicot general de todos los ejemplares conscientes en contra de la única especie que nos ha depredado de forma alarmante durante toda la vida, nos dicen que es una magnífica idea para demostrarles con hechos que están rotundamente equivocados, los árboles se suman a esta iniciativa, desde que son semilla han recibido numerosos productos químicos nefastos para un saludable desarrollo y ya no pueden producir los frutos con las características orgánicas que provocaban en todas las especies una vigorosa y diligente existencia, los líderes del aviario mundial nos explican que no hay otra opción para hacer admitir a los hombres el reconocimiento de su error, pero que hay que trabajar juntos, bastante y estar preparados para lo que se derive de este boicot, una sociedad cangrejera que no esté preparada para soportar la escasez, no puede combatir contra ningún cambio de clima, hay que estudiar mucho para rebatir los argumentos que manejan los depredadores, aducen tesis divinas escritas por profetas y no pudieron adivinar las temperaturas extremas que se avecinaban con el ejercicio de las mismas profecías que redactaron en los libros supuestamente sagrados y según ellos, inspirados por un ser superior que los anímales no conocemos, con esto nos quieren inducir a la pérdida de la confianza, quieren eliminar de nuestro cerebro la idea de que la naturaleza triunfará sobre la estupidez de sus sistemas económicos, la desmoralización de las formas de vida diferentes a ellos es una de sus armas preferidas, nos hostigan con nuestra pequeñez y la inutilidad de hacer algo por trabajar de forma combinada, no se dan cuenta de que nosotros somos sus ancestros y conocemos todas sus artimañas, cuando ellos se organicen y vayan en busca de un mundo mejor, nosotros ya vendremos de regreso y para ellos será demasiado tarde, la Tierra se habrá encargado de eliminarlos del entorno medioambiental perfecto, pobre humanidad, nosotros seguiremos trabajando como lo hemos hecho siempre desde hace más de tres mil millones de años, lo único que no se vale es que nos quieran tratar con su estilo prepotente y esclavista, y que aparte nos quieran manipular genéticamente para convertirnos en seres violentos con el fin de que nos matemos entre nosotros, todo para que se enriquezcan sin trabajar y que además, nosotros se los agradezcamos con humildad.

Sábado, las aves siguen convocando a todas las especies a un cónclave conspirador para evaluar la actitud devastadora de los hombres, ellas son descendientes de los dinosaurios y tienen una visión histórica más apegada a la realidad de los procesos evolutivos, algunas especies como los perros domesticados alegan que es un derecho humano el sentirse superiores a las estructuras existenciales que nos han regido durante millones de años, pero las mayorías desaprueban ese estilo derrochador con el que han puesto en riesgo la existencia de miles de especies, algunas variedades de búfalos han dado su testimonio y puntualizan que su especie ha sido torturada con espadas y trapos rojos, otras que las han cazado desde trenes con rifles de mirilla telescópica, otras más que las han pisoteado, envenenado o rociado con insecticidas, yo pasé al frente y les dije que todos los animales tenemos derechos y que la Tierra también los tiene, que los nuestros tienen mayor validez que los de los humanos porque son más antiguos, y quien es primero en tiempo, es primero en derecho.

Domingo, "día del Señor", continúan los alegatos por la supervivencia de la vida en la Tierra, los animales no descansamos ningún día y los domingos también se realizan asambleas, ahora son las prosaicas gallinas las que defienden a los humanos, nos explican que aunque deban poner varios huevos al día, ellas no están dispuestas a salir de los aviarios, "aquí estamos seguras, tenemos todo lo necesario y nuestros dueños nos traen tortillas y todo tipo de comida, entonces, ¿Para qué vamos a querer dejar esta confortable estancia?" —nos dicen—, nosotros les rebatimos su actitud, comenzamos por explicarles que la propiedad privada de la vida, es el mayor crimen que se ha cometido en toda la historia del tiempo, de ahí nació la esclavitud y las ideas de que los seres humanos son los patrones de las especies animales, bajo esos principios se construyeron sistemas financieros de competencia y devastación que han deteriorado al mundo, se justificó la rapiña y se hicieron leyes arbitrarias en las que los animales nunca pudimos opinar, así se redujo la personalidad ecosistémica del equilibrio medioambiental y se manifestó el fracaso del supuesto progreso del hombre. Luego les esclarecemos que ellas descienden de los dinosaurios y que algunos de sus ancestros ya mostraban signos de inteligencia porque caminaban en dos patas y tenían las manos libres, eso los hacía pensar en cómo iban a modificar su entorno para el beneficio colectivo, pero las gallinas no entienden, nos alegan que quizás con las cenizas que quedaron después de los aerolitos que acabaron con sus antepasados, ellas perdieron el poco razonamiento que habían conseguido y que por eso se dejaron domesticar, yo veo que de cualquier manera, a ellas, aunque nos apoyen por equidad de especie, no les interesa participar activamente en las revueltas.

Después las bacterias pasaron al frente, su discurso versó sobre la preocupación que nos agobia por estarse agotando los recursos naturales del mundo, nos dijeron que no nos preocupemos, que la evolución sin el hombre será mil veces mejor y más acorde con el medio ambiente, que todos los vegetales y animales continuaremos viviendo por los siglos de los siglos y que si alguna especie se extingue, es para que luego surjan especies más resilientes al cambio climático, yo las interrumpo para ejercer mi derecho de réplica y les digo que el problema principal no es el surgimiento de nuevas especies, sino que con la alteración física del aire y la exfoliación con fertilizantes químicos de las plantas que a cada rato está efectuando la plaga de los humanos, los animales estamos mutando hacia formas degenerativas de castas, los vegetales cada vez son menos nutritivos, les aclaro que para volver al punto magistral de la evolución en el que estuvimos hace unos cuantos años, se va a necesitar de un trabajo laborioso de todos los organismos vivos, trabajo en el que tendremos que duplicar esfuerzos y construir nuevamente lo que habíamos hecho bien durante toda la historia anterior a este momento crítico que estamos viviendo. Cuando terminé mi intervención hubo unas declaraciones peyorativas intrascendentes de los gatos y los conejos, luego las bacterias terminaron su argumentación con la sentencia de que afortunadamente el hombre ya no intervendría en ese todavía ignorado transcurso que nos llegará más pronto de lo que esperamos si no cambian las cosas.

Hoy lunes, día de la luna, no hubo reunión de conspiradores, aproveché el día para platicar con mis hijos sobre el equilibrio natural ecosistémico, muchos de ellos aún no lo entienden, creen todavía en que los hombres son los amos de los animales y los árboles, yo les digo que no sufran de complejos de inferioridad, que esa actitud nos puede conducir a una colosal debacle de crustáceos y por ende con nuestra extinción, romperíamos los vínculos que nutren la intuición y mantienen en estado saludable a todos los seres vivos, fue una charla muy productiva, les expuse que el hombre es un eslabón más de las cadenas ecosistémicas y debe asumir su papel para funcionar colectivamente con la perfección con la que hemos trabajado durante siglos antes de su aparición, me preguntaron si después de transcurridos millones de años, los cangrejos podríamos llegar a ser como ellos, yo les contesté que no, que nosotros habíamos conseguido nuestra esencia por otra línea evolutiva distinta y nuestra labor consistía en mantener los manglares en su justa proporción armónica para no desafinar la magistral sinfonía del cosmos, no sé ni de donde saqué esa filípica, pero estoy seguro de que les cicatrizó su espíritu cangrejero.

Martes, día dedicado al dios de la guerra, la virilidad, la sexualidad, la violencia, la pasión, la valentía y el derramamiento de sangre, hoy las aves mandaron un comunicado en el que posponen por un tiempo las reuniones, ellas buscan la paz y nos dicen que la Tierra está haciendo su labor, que los hombres se están reuniendo en conferencias de las partes para ponerse de acuerdo sobre cómo reducir los gases de efecto invernadero a la atmósfera, en el comunicado aseveran que si los humanos no firman algún convenio global vinculante y protector de la vida animal y vegetal con verificaciones y sanciones, entonces nos convocarán de nuevo para intervenir directamente, mientras, se constituirán las delegaciones representativas ante el gobierno del ecosistema global, tendremos entrenamientos clandestinos para hacer más poderoso el veneno de las serpientes, los insectos se tratarán biológicamente para combatir los transgénicos y trasmitir por medio de ellos enfermedades desconocidas para los humanos, aunque sólo picarán en caso de que sigan con su necia actitud devastadora del único mundo donde se ha dado una biodiversidad exuberante, a las cucarachas les reforzaremos su resistencia a la radiación nuclear para que en caso de que a algún loco se le ocurra apretar el botón rojo, ellas permanezcan inmunes y se reproduzcan manifestando siempre la tendencia hacia la superación que instintivamente manejamos todos los animales, también se establecerán contactos con las tribus autóctonas de indígenas a quienes no se les ha tomado en cuenta en las COP's que hacen los hombres "civilizados", se firmarán convenios de colaboración con ellos para neutralizar la polución y mejorar la biosfera que nos protege a todos, igualmente pensamos en platicar con el organismo de la Tierra para que con sus aguas inunde las costas y crezca más fitoplancton que depure el oxígeno del que dependemos para sobrevivir.

En lo que los hombres se ponen de acuerdo para reconocer que son parte de este organismo vivo global al que pertenecemos todas las especies, me tomaré unas vacaciones de dos días con el fin de recuperar fuerzas y continuar escribiendo.

Viernes otra vez, me brinqué miércoles y jueves porque estuve de vacaciones y ya había comentado la semana pasada a quién se dedicaban esos días, por lo que continúo mi diario con un sueño rarísimo que tuve anoche, casi no pude dormir, soñé que el exoesqueleto desaseado de mi tatarabuela me aplastaba, fui con un interpretador de sueños, lo consultó con una bola de cristal y me dijo que mi situación económica se vislumbraba con un futuro halagador, que pusiera en su tenaza un poco más de carne de coco que llevaba para pagarle y que me diría más secretos a los que sólo él tenía acceso, no me convenció su modo de pedir las cosas y salí de su refugio con la sensación de que me estaban esquilmando, estoy seguro de que el futuro se crea con los propios actos, buenos o malos, que perpetramos los seres vivos, todos los animales realizamos por instinto siempre buenas acciones hacia la naturaleza, por lo que es raro que los cangrejos nos involucremos en negocios especuladores, este ejemplar adivinador de crustáceo, debió haber sido tratado con los insecticidas que fabrican los humanos, además, mi tatarabuela era una viejita modelo de virtud que en la realidad y en sueños, limpiaba las arenas alrededor de su agujero con una tenacidad digna de los perros entrenados, su caparazón lo mantenía siempre pulcro, se bañaba en el mar varias veces al día y lo pulía con sus pinzas hasta dejarlo deslumbrante, tal como hacen los gatos al lamer los pelos de sus cuerpos y dejarlos perfumados con un brillo especial.

El que sí se decía que andaba en malos pasos era su marido, un día se deshizo de su concha y jamás se volvió a saber de él, mi bisabuela dice que ya se murió, que ella lo soñó en una ocasión y en sueños le dijo que lo había aplastado una pipa de gas de las que seguido pasan por la carretera que va a Veracruz, "debían estar prohibidos el gas y los camiones que lo transportan, nada más destruyen la atmósfera y el pavimento, cada vez hay más agujeros en la capa de ozono y más baches en los cruces de los caminos por donde se nos complica atravesar las carreteras en caso de alguna emergencia" —dijo mi bisabuela. Luego de estas quejas que espero lleguen a los activistas ambientales que exigen cambios en los sistemas económicos para que la especie humana sea capaz de sobrevivir con su inteligencia inalterada… y también al Gobernador del Estado para que arregle las carreteras agujereadas, continúo en mi diario con lo de mi tatarabuelo: yo creo que todavía vive y se esconde entre los animales ponzoñosos para que nadie le reproche su actitud de abandono, entre los cangrejos se acostumbra nunca desproteger a nadie de nuestra especie, incluso si se han desviado de su instinto de ayuda mutua, estoy seguro de que sucede lo mismo entre todos los vertebrados con un poco de cerebro.

Sábado, Shavath, otro día del Señor, ¡válgame santo cáncer antropogénico que se clona a sí mismo!, me han dicho que para algunas religiones de los hombres piadosos, hoy es el verdadero día del descanso y el desistimiento y hay que dedicarlo a "Dios" (¿?), no me queda claro este concepto, los animales no sabemos lo que es el "descanso" y menos lo que es el "desistimiento", mucho menos lo que es un "ser superior" que nos creó, estamos convencidos de una evolución positiva de la cual surgimos y en la cual vivimos, realizamos nuestro trabajo sin deprimirnos porque nunca hemos obedecido al "Diablo" (¿?), no tenemos pecado original ni necesitamos de la religión para ayudar a nuestros semejantes en peligro de extinción y así buscar la "salvación" (¿?), en fin, que importa que sea sábado, domingo o lunes, lo único importante de este momento es el momento en sí y la depredación que están haciendo los humanos del cielo que nos cobija, no cabe duda de que ellos no tienen nada que hacer y se la pasan inventando días de descanso para dedicarlos a diferentes dioses imaginarios, si alguna vez yo tuviera la necesidad de creer en algún Dios, creería en el Dios de la sustentabilidad que detonó el Big Bang.

Hoy no me interesa que día es, aunque las aves ya no convoquen a las reuniones clandestinas, yo seguiré acumulando reservas para estar preparado cuando llegue el día en que se declare la extinción absoluta de los artrópodos, ya tengo en mi refugio varios kilos de coco, cientos de hojas de lechuga y dos cantimploras con agua salobre, con estos recursos estoy seguro de que seguiré viviendo durante bastantes años y al final de los tiempos, cuando el sol colapse, mis hijos serán la nueva especie que reivindique la renovación cangrejera de los crustáceos.

Hoy repasé los principios a los que debemos acogernos los animales en caso de alguna extinción masiva de especies, se habla de que eso sucederá después de algunos años de tribulación, pero yo no soy religioso y menos supersticioso, no creo en los profetas y eso no sucederá nunca si los humanos aceptan con humildad su trabajo de eslabón clave dentro de la cadena ordenada que nos rige a todos los mortales en todo el universo.

Hoy supe de los cangrejos de mármol, seres que se reproducen de forma asexuada clonando una parte de su armadura articulada para crear otro ser, tienen tres pares de cromosomas y nadie sabe de dónde surgieron, para mí que son una mutación de la vida cangrejera que estimula su reacción ante los problemas de extinción que se están presentando, los humanos deberían estudiar estos fenómenos para intentar combatir los tumores cancerosos que a cada rato les invaden su organismo depredador, pero quizás las células cancerígenas los invaden precisamente por depredadores y no les van a causar ningún efecto positivo sus investigaciones, o quizás también sus enfermedades son por todos los transgénicos que comen sin preguntarse si les hacen daño, o por los refrescos carbonatados y azucarados que beben. Para el caso de su mente atrofiada por el bióxido de carbono que respiran a cada instante, las cuatro opciones son lo mismo.

Hoy vi a unas ranas hibridas, este tipo de animales se están multiplicando de forma exagerada, creo que es una respuesta de la vida silvestre a las alteraciones climáticas que están provocando los humanos, se cruzan entre diferentes especies parecidas porque no encuentran parejas de la misma especie y a diferencia de las mulas, las ranas híbridas sí pueden tener hijos, incluso muchísimos, quizás por eso están invadiendo las costas.

Ayer tuve otra vez pesadillas, soñé que la Tierra se convertía en un bombón ardiendo en medio de una fogata, a veces quisiera que las pesadillas fueran a diario para despertarme con la tranquilidad de saber que no son reales.

Hoy fui con una adivinadora gitana a que me leyera las líneas de mi tenaza, me dijo que dentro de muy poco tiempo iba a escasear el alimento por la degradación de la tierras que hacen los hombres al patentar y meter dentro de la economía de mercado hasta a las semillas transgénicas, pero que yo no iba a padecer hambrunas, luego iba a ser adoptado por una niña pequeña y dulce, "eso dice tu línea de la vida… y ahora pon en mi tenaza más lechuga" —terminó.

Hoy las aves volvieron a convocar a una reunión de conspiradores para alertarnos acerca del incremento en la acidificación de los océanos, nos dijeron que cada día el agua es más acida y vamos a necesitar gastar más energía para construir nuestro nuevo exoesqueleto cuando desechemos el anterior, los corales, los moluscos, los erizos de mar y el fitoplancton ya se han visto mermados en su expansión natural y sus descendientes son cada vez más blancos, como conclusión nos pidieron que eligiéramos mejor nuestros alimentos. Entonces se armó la discusión, les alegamos que con el calentamiento de la Tierra el verano se había convertido en invierno y el invierno en verano, que los agricultores ya no sabían cuándo sembrar y estaban utilizando semillas transgénicas y fertilizantes químicos para obtener más producto a menor precio, que a los cocos mutantes ya casi ningún ejemplar de nuestra especie los reconocía, les repetimos que las lechugas estaban regadas con aguas negras y sus hojas habían adquirido un sabor especial, sabían a cadáver humano y a excrementos de violencia en contra de la pureza orgánica con la cual crecimos, en pocas palabras, la asamblea se tornó en un laberinto del cual fue muy difícil salir, las aves nos pidieron calma y nos recordaron que los animales somos civilizados, no tenemos los argumentos de las políticas humanas exhibidas en sus cámaras de diputados para arreglar las discusiones a chingadazos, siempre nos hemos distinguido por ayudar en paz a cualquier tipo de especie que se encuentre en problemas.

Hoy se reventó la liga por lo más delgado, había un burro al que yo siempre veía distraído en las reuniones de conspiradores, nunca decía nada, efectivamente mi corazonada resultó cierta, el burro les informó a los humanos de nuestras intrigas y los muy prepotentes organizaron una cacería en contra de cualquier especie que se atravesara en su camino, mataron hasta los pollos de granja, los caballos de polo y los perros callejeros, fue una masacre de lesa animalidad que estamos pensando llevar a los tribunales internacionales, las sociedades protectoras de animales nos apoyan y van a firmar la demanda, debemos exigir que nos traten con el respeto que nos merecemos, somos organismos vivos que les hemos ofrecido las proteínas necesarias para que continúen evolucionando satisfactoriamente y siempre nos han juzgado con un complejo de superioridad al que cualquier sicólogo prescribiría como de locura obsesiva, incluso en sus libros sagrados nos hacen bullying y nos llaman "bestias del campo".

Hoy llegamos a un acuerdo con los humanos, nosotros, siempre y cuando a las reses no las engorden con clembuterol, vamos a continuar sin modificar nuestras toxinas para que a ellos no les hagan daño, ellos se comprometen a comer más vegetales y bajar al mínimo su dieta de carne, sobre todo la de carne roja, en una de las clausulas y con letra grande, les subrayamos que vamos a poner vigilantes en los ranchos de ganadería intensiva donde se va a corroborar que efectivamente se cumpla con cada punto del acuerdo firmado.

Los humanos no nos hacen caso, siguen con su régimen de consumo desmedido, dicen que es la única manera de que los países crezcan, hoy, en representación de todos los animales y vegetales del mundo, le escribo una carta al presidente de la Organización de las Naciones Unidas, en ella le digo que los humanos deben disculparse ante todos los seres vivos por las atrocidades que se han cometido en su contra desde que adquirieron la inteligencia, que los países deben pensar en decrecer de forma ordenada antes de que la naturaleza los obligue a hacerlo de forma desordenada y que ya dejen de estar quemando el carbón que contamina la atmósfera y nos hace un daño terrible a todos los animales.

Hoy radicalicé mi postura, sé que no debo manifestar mis planes, pero la verdad ya me hartaron los supuestos combates al desequilibrio natural que predican los hombres, por un lado dicen que lo del calentamiento global es un mito y por el otro, las empresas contaminantes siguen firmando convenios con los países subdesarrollados para llevar ayuda humanitaria y apropiarse de los mayores yacimientos de hidrocarburos que existen, aunque no sea un cangrejo terrorista, voy a fabricar una metralleta adaptada a mis tenazas para obligar a pagar la deuda de carbono a los países negacionistas del cambio climático, fue causado por su ambición y su monto es incalculable, sin contar los intereses moratorios, cada año aumenta en aproximadamente ciento noventa y ocho mil millones de euros.

Comienzan a escasear los víveres, hoy vi unos cocos estirados totalmente diferentes a los que siempre había visto, no es una casta vegetal nueva, estos tienen muy poca agua y están desabridos, los agricultores dicen que se debe a las alteraciones meteorológicas que se están dando en el mundo.

El acuario

Durante la crisis biorecesiva del 2008 me dejé atrapar para balancear mi dieta, los cambios repentinos del clima habían desestabilizado el ecosistema de las playas y no había peces suficientes en el estuario para comer en abundancia, debíamos continuar con la reproducción intensiva de nuestra especie y la debilidad hizo mella en el organismo de las mayorías, algunos conocidos se suicidaron para mantener la seguridad alimentaria de los sobrevivientes, pero ni con estas medidas decretadas por el orden natural en el que vivimos, fueron suficientes para conservar la moderación medioambiental de nuestra especie, por lo que sin consultarlo con nadie, me aislé de la alta sociedad cangrejera y terminé en un acuario que había visto en la calle principal del poblado que colinda con el manglar donde habito, ahí me daban de comer varias veces al día, había bastante alimento para peces y engordé considerablemente, casi como una langosta del mediterráneo, a pesar de mi corta estatura la gordura me venía bien, a varios turistas les agradó mi porte y preguntaban al dueño mi valor para llevarme como mascota, el dueño les soltaba el sablazo y los compradores preferían llevarse algún pescadito de colores brillantes, "este cangrejo es especial —les decía a los clientes que se acercaban—, camina para adelante, si le cortan una de sus pinzas le crece de inmediato y su fisonomía no cambia, no sé cuánto tiempo pueda vivir, pero a mí se me figura que es inmortal, yo lo tengo desde hace cuatro años y no envejece", puras mentiras con tal de venderme en mejor precio, sí, camino para adelante y mi pinza crece rápidamente cuando la suelto, pero de eso a no envejecer, se me hace que el dueño exagera un poco, debido al paso del tiempo he notado manchas nuevas en mi exoesqueleto y algunas canas en mis antenas sensoriales, creo que es hora de empezar a pintármelas y a deshacerme de mi caparazón duro por séptima vez, lo anterior para verme más joven y ver si todavía "las puedo".

Hoy el dueño del acuario metió a unas hembras de cangrejo en la pecera que comparto con los "carpín dorado", es una pecera grande, mide aproximadamente 12.°° x 24.°° m y la han decorado con una arena especial que la asemeja a una ciudad medieval en miniatura, en ella me muevo con soltura, tengo mi propio espacio parecido a la playa donde nací y soy el propietario de ese ambiente placentero. Al ver que el dueño depositaba las hembras en la pecera, moví mi tenaza para que los carpines se escondieran atrás de unas rocas acomodadas en la escenografía del paisaje marino, ya no tengo caparazón y pienso dedicarme todo el día a embarazar cangrejas, a ellas no les gusta que las llame así, dicen que no es equitativo en la cuestión de género, pero se los digo con cariño y de todo corazón, ya llevo mucho días sin disfrutar del sexo y no me interesa pasar un rato más discutiendo si tienen razón, así que las formo, les quito su delicada corteza y… "con permiso señorita, gracias señora", parezco gallo de corral pisando gallinas para que sus dueños vendan en mejor precio los huevos de rancho, luego de terminar me quise fumar un cigarrillo pero me acordé que los animales no fumamos, las bachichas de las colillas de cigarro son la mayor basura no biodegradable del Planeta.

Hoy cayó por accidente un celular en la pecera donde habito, es impermeable y su dueña no se percató de la pérdida, con este aparato maravilloso pude ver durante varios días los sucesos que acontecen en el mundo de los humanos. En un documental de National Geographic vi que el ártico se está derritiendo y que los osos polares están invadiendo Rusia en busca de alimento, es lamentable lo que está ocurriendo en el Planeta por culpa de los enredos mercantiles que protegen a las compañías multinacionales, emiten cada vez más gases de efecto invernadero y sólo lo hacen para acumular más dinero y desligarse de la responsabilidad de cuidar el medio ambiente que pisan, debían de proteger el agua y la vida de todas las especies que conformamos este maravilloso equilibrio ecológico en lugar de enriquecerse y ensanchar la desigualdad que está finiquitando su propia vida.

Hoy me llevé el celular a uno de los castillos de arena que están construidos en mi pecera, lo coloqué enfrente de donde a veces me voy a dormir y le instalé un dispositivo de control remoto con los alambres de oxigenación de la pecera, lo anterior para mantenerlo prendido solamente cuando lo vaya a ver, hay que ayudar a los humanos a reducir el consumo de energía y entre todos coadyuvar a conservar el mundo esférico que nos da de comer.

Hoy vi un programa de invitados en el que discutían si el cambio climático había sido causado por el hombre, me daban ganas de meterme al celular para sacudirlos de su indolencia y explicarles el punto de vista de los cangrejos respecto a esta cuestión: ¡claro que ha sido causado por el hombre!, las concentraciones de contaminantes en la atmósfera y el cambio de alcalinidad en los océanos lo demuestran, ahorita se tienen 410 partes por millón de volumen de contaminantes y antes de la revolución industrial se tenían 280, esta diferencia a la Tierra le llevaría más de 25,000 años producirla de forma natural, y eso suponiendo que la misma Tierra no autoregulara sus procesos para proteger la vida. En relación con el incremento de la acidez en los océanos, los invitados decían que era algo natural, que ya había sucedido antes y que la Tierra se encargaría de corregirlo, yo les movía con desesperación mis tenazas para corregirlos a ellos, efectivamente hace 290 millones de años las corrientes marinas se detuvieron por la acidificación y hubo una gran mortandad de especies, pero esa acidificación tardó en producirse otros millones de años y fue parte de la recuperación de la Tierra para que pudieran surgir las especies inteligentes, no fue causada por la devolución a la atmósfera de todo el petróleo que por medio de la fotosíntesis escondieron en el subsuelo los primeros organismos vegetales que brotaron en el mundo, además no fue en un período excesivamente corto como está sucediendo actualmente, la Tierra lo corrigió también en millones de años, en lo particular a mí me consta, el agua me sabe más ácida que antes y algunos cangrejos aventureros me han dicho que las corrientes marinas ya se están deteniendo por momentos en algunos puntos de su trayectoria.

Hoy vi otro canal en el que la gente de Bélgica se manifestaba en las calles para pedir apoyo a los refugiados ambientales, el celular olvidado, como todos ustedes lo habrán sospechado, trae una pila que no tiene la obsolescencia programada y dura muchísimo tiempo, ojalá todos los productos los construyeran de esta manera para evitar el tiradero de productos chatarra que se hace en el mundo; cuando estuve en las islas de basura a las que me llevó el halconcillo bizco, vi cantidades increíbles de desechos de computadoras y celulares que todavía se podían reciclar y reutilizar, pero bueno, esos son otros asuntos que trataré en los siguientes párrafos de mi diario, por lo pronto me da gusto que la gente de los países europeos se preocupen por el medio ambiente, los EEUU nunca lo van a hacer porque tienen petróleo para rato, y no es petróleo que extraigan de sus tierras, ellos solamente producen el 2% del petróleo mundial y consumen el 20%, por eso insisten en apoderarse del de Venezuela, les sale más barato por la distancia.

En la mini televisión portátil adaptada, que para mí es como una televisión gigante, hoy emitieron un programa dedicado a la biodiversidad, decían que entre plantas y animales, cada año se están perdiendo cincuenta mil especies diferentes y que eso le está costando al hombre la desaparición de potenciales curas para las enfermedades causadas por la alteración de los alimentos orgánicos, obviamente no hablaron de los sentimientos de los animales al ver cómo nuestros semejantes se extinguen por culpa de esa plaga de inconscientes llamada "ser humano".

Hoy le mandaron cinco whatsapp a la dueña del celular, en todos le dicen que pasan por ella en Poza Rica para irse de vacaciones a Cancún en semana santa, yo les puse unos emoticones para que dejen de estar jodiendo y me permitan ver lo que se está deteriorando el mundo a causa de la economía de consumo.

En un canal exclusivo que decodifiqué con mis tenazas, vi un programa llamado "detrás del reportaje", reseñaban como filmaron una crónica ambiental con un artista de Hollywood, se trata de Leonardo DiCaprio y el documental se llama: "antes que sea tarde", yo ya había visto en vivo algunas escenas que filmaron en Tecolutla con un doble del artista, incluso les sugerí el nombre a los productores, el cortometraje versa sobre el desarrollo de los países luego de la revolución industrial y el deterioro planetario que han logrado con ese estilo de progreso depredador, ojalá y lo trasmitan pronto por televisión abierta, creo que los humanos han llegado a un punto en el que todo lo que hacen es menor a la ambición que los sofoca, por su propio bien, espero que el documental los ayude y algún día cambien.

Hoy vi las noticias y a varios jóvenes protestando para exigir a los gobiernos que realicen acciones concretas para el combate a los efectos nocivos del cambio climático, me llamó la atención un letrero que portaba uno de los jóvenes, decía: "ni un grado más, ni una especie menos", creo que es la única manera de que los humanoides adultos reaccionen ante la magnitud del problema que tienen, es el mayor reto que ellos mismos han provocado en toda su historia y lo ven con una familiaridad digna del burro que los alertó de las conspiraciones de los animales.

Qué bueno que los jóvenes se estén preocupando por el futuro sombrío que les están dejando sus padres capitalistas…, o comunistas, da lo mismo, los dos son sistemas productivos lineales en los que las fábricas crean manufacturas innecesarias que duran poco y en las que todo el mundo desecha lo que consume, los empresarios nunca van a hacer nada porque la sustentabilidad es un negocio bastante productivo en la cuestión del retorno al equilibrio ecosistémico, pero no deja las enormidades de dinero que dejan los productos derivados del petróleo.

Hoy vi a unos monjes budistas meditando acerca de las posesiones, estaban de ermitaños en una cueva y permanecían todo el tiempo en silencio, según lo que dijeron los camarógrafos que los filmaron, pensaban diariamente en la felicidad que les concede el no tener nada, estoy de acuerdo, el no tener posesiones nos libra de las necesidades, pero por lo menos debían dedicarse a fundar una religión en la que los animales fuéramos los redentores del hombre.

Hoy no vi televisión, el celular se descompuso porque nadie le ha puesto crédito, es absurdo que los humanos deban mantener a supermillonarios con el bajo salario que ganan, estoy pensando en hackear el wifi para continuar con la superación a la que me inducen los buenos programas, pero no me vayan a meter al bote de los crustáceos, mejor le pico a un comando de adelanta-saldo que trae el móvil en sus microchips y prosigo con mi educación medioambiental.

En el acuario también tienen una televisión, pero a mí no me gusta verla porque solamente ponen canales comerciales llenos de anuncios en donde pasan puras telenovelas idiotizantes repetidas, extraño los libros que surgieron del mar y que leía a diario en mi refugio.

Hoy bajé la película de Al Gore: "la verdad incómoda", está buena, lo que no me pareció ético es la actitud hipócrita de Al Gore, por un lado se pronuncia por el combate decidido al cambio climático y por el otro refuerza al capitalismo al inventar los "bonos de carbono" que no sirven para nada, son un gatopardismo ambiental que deja las cosas peor que como estaban antes, los países industrializados compran toneladas de gases de efecto invernadero que los países en vías de desarrollo dejan de emitir para ellos seguir contaminado los espacios naturales que nos pertenecen a todos los seres vivos, ¡benditos negocios capitalistas!

Hoy vi un programa de supervivencia salvaje, los actores estaban en pelotas y a pesar de tener cerca de ellos varios ríos, durante todo el tiempo que duró el programa nunca se bañaron, ¡cochinos!

Hoy pasaron un documental fuerte que me impresionó sobremanera, son escenas para adultos que requieren discreción, exhibieron un borrego destazado y colgado boca abajo, los asesinos esperaban a que se desangrara para hacerlo barbacoa, sus ojos eran tiernos y esperaban la ayuda de alguien para morir en paz, lo pedían con una débil devoción que atrofiaría los sentidos de cualquier ser inmune a los sentimientos de los animales, a mí me causó coraje y ya no quise ver las siguientes capítulos de la serie, después supe que filmaron a una tortuga que tenía una pajilla en la nariz y varios adultos trataban de quitársela para cocinarla en su concha, tampoco me interesó el video en el que metían a diferentes animales vivos a una trituradora para hacerlos salchichas, apagué el celular y mejor me dediqué a describir en mi diario la realidad de las escenas para ver si algún humano compasivo se compromete de forma decidida a la protección de las criaturas indefensas.

Hoy es el día de la madre, les mando un saludo afectuoso a las madres de todos los hombres que torturan por gusto a los animales, no sé por qué nunca se celebra el día del cangrejo torturado.

Han pasado más de sesenta días desde que el dueño del acuario introdujo las hembras a mis dominios acuáticos, afortunadamente le puso bastante arena y agua salada para hacerlo parecer un mar, algunas hembras ya comienzan a liberar sus huevecillos y el dueño tiene que estar al pendiente para separar las crías del resto de los cangrejos, las madres únicamente los cuidan hasta las dos semanas y si no hay alimento suficiente somos caníbales, lo bueno es que en este acuario el canibalismo está controlado, nos traen hojas hervidas de lechuga que se pudren en el fondo de los recipientes y son un exquisito bocado gourmet que deleita cualquier paladar cangrejero.

Hoy vi Animal Planet durante todo el día, si usara piyama no me la hubiera quitado, pasaron un reportaje de como los asesinos en serie inician su vida criminal maltratando animales, al terminar el documental me dije a mí mismo: "creo que Búfalo Bill debió haber sido sentenciado a miles de años de prisión, mató por placer a más de cuatro mil búfalos".

Hoy me puse a pensar en si vale la pena continuar con esta vida placentera, antes de llegar aquí mis padres me habían comentado sobre el método que usan los humanos para domesticar especies, les esparcen comida y les ponen un lienzo, los animales se acostumbran al regalo y acuden diario a checar si hay más alimento, no se percatan de que a los pocos días ya les pusieron otro lienzo, así se la van llevando hasta que sin saberlo quedan atrapados en un corral del que ya no quieren salir porque obtienen su ración diaria sin preocuparse de cazar, yo tengo pocos años en la comodidad de la domesticación y la verdad, si no hay acontecimientos importantes con los cuales suba la adrenalina, mi existencia se convierte en un punzón rutinario y aburrido, vienen y vienen compradores pero ninguno me lleva, se me hace que el Demonio de Tasmania me anda rondando para evitar que me adopten, me tienta para que siga llevando una glotona y hedonista vida de pecado en este infernal acuario, un día de estos buscaré el escape hacia la verdadera libertad, volveré a los manglares donde la felicidad de mi niñez larvaria me jala inconscientemente para que retorne a ella.

La adopción

Una niña pequeña rogó a sus padres que le compraran una mascota, acudieron al acuario donde pedí asilo político en lo que pasa la crisis mundial de alimentos y anduvieron viendo durante varias horas a todos los peces, a las tortugas y a los crustáceos que estábamos exhibidos en las peceras, al principio buscaron un cangrejo azul debido a los vistosos colores que agradaban a las pupilas de la niña, a mí me dio un poco de recelo el oír como el dueño les describía las características físicas de ese bello ejemplar, discretamente arañé unas cuantas escamas doradas de los peces que me acompañaban en el recipiente y me las coloqué en mi exoesqueleto para que combinaran con las manchas color marrón que se me habían vuelto más claras con el agua dulce, a la niña le gustó mi aspecto y me compró en una módica suma que también agradó a sus padres, negociaron una bella pecera y me metieron en ella, le pusieron arena, piedras y algo de musgo, por último la decoraron con un castillo que escondía atractivamente los aditamentos para oxigenar el agua, no podía estar en mejor lugar, sin embargo, cuando introdujeron la vasija en la cajuela de un coche, comprendí que me iba a alejar de mi terruño querido y no pude contener la tristeza, no sabía ni a donde iba ni el destino que me esperaba en un futuro.

Llegamos a un pueblo cercano y bajaron la pecera para que me diera el sol, no sabían que los cangrejos preferimos la sombra y nos escondemos bajo las rocas para evitar la luz, parecemos vampiros de mar, dispusieron la pecera en un patio que olía a vainilla y solamente la niña se quedó conmigo, estuvo viendo todos los movimiento circenses que se me ocurrieron y que estuve practicando en el acuario para quedar bien con ella, era una niña de rasgos finos y pelo castaño claro, su cara la definía una sonrisa que brotaba constantemente de sus delgados labios que prometían encarnecerse cuando llegara a la juventud, mostraba sus dientes alineados y blancos con la característica dulzura de su edad, me cayó bien desde un principio y estoy seguro de que durante el tiempo en que me mantengan en su casa, no estaré en mejores manos.

Hoy salimos temprano, me metieron otra vez en la cajuela del auto que afortunadamente tiene una párvula corrosión por la que pude ver todas las rancherías que pasamos y lo que sucedía en cada una de ellas, enfilamos rumbo al puerto de Veracruz, yo pensé que ahí nos íbamos a quedar, pero cuando pasamos la ciudad y los papás de la niña tomaron en Boca del Río la desviación de la derecha, de inmediato supe que me llevaban a Córdoba, yo ya conocía esa carretera desde que anduve recorriendo el Golfo de México en mi huida de los narcotraficantes que me llevaron secuestrado a la selva lacandona, pero ahora vi paisajes que no conocía, vi la deforestación que se hace diariamente cerca del

Pico de Orizaba y los ríos contaminados en los que se han convertido sus exuberantes paisajes, me dio mucho coraje y mejor me dormí.

Hoy supe el nombre de la niña que me adoptó, se trata de Romina del Conde Romagnoli, es sobrina por parte de padre, de Antonio del Conde Pontones, el hombre valiente que le consiguió las armas a Fidel Castro para derrocar a Fulgencio Batista, "el cuate", como le puso Fidel, también le compró a unos turistas y personalmente le arreglo el buque "Granma", navío en el que los guerrilleros se embarcaron para iniciar la revolución que cambió al mundo.

Por parte de madre también es sobrina, pero de Margarita Richardi Romagnoli, la mujer que fue robada por Maximino Ávila Camacho del pueblo de Gutiérrez Zamora, se la llevó a Guadalajara para desposarse con ella en 1930, era su tercer matrimonio y a la mencionada bella mujer le faltó la osadía intuitiva propia de las mujeres para bajarse del auto al que la subieron, o quizás no lo hizo porque le atraía el rapto, en el pueblo corría el rumor de que los generales del ejército eran apetecibles para las damas por el dinero que podían captar de los ladronzuelos a los que liberaban para que robaran por ellos.

Hoy Romina me llevó de comer unas exquisitas hojas de lechuga fresca, mientras las depositaba en el fondo del estanque para que se pudrieran, capté un "deja vu" que me hizo ilusionarme con la decodificación de un lenguaje entendible para ambos, las charlas pudieran ser bastante interesantes para nosotros y algo productivas para el resto de la humanidad.

Hoy Romina me llevó unos granos de dos cafés diferentes que siembran unos conocidos suyos, sabe que los cangrejos no comemos café, pero me los llevó para que los probara y le dijera si su sabor era similar a los que sembraban antes, yo le dije que a mí me sabían igual, nunca he tenido un paladar de catador, sin embargo le aclaré que con el cambio climático, el café va a ser de los primeros cultivos que van a desaparecer.

Hoy Romina me contó sobre sus padres, hemos perfeccionado un idioma sobreentendido de trasmisión mental en el que nuestro punto de vista es fácilmente interpretado por el otro, parece que fuéramos uno mismo, me dice que poco a poco se les han ido principiando a olvidar las cosas, un día descubrió que se pasaban el cuchillo para rebanar la carne, pensando que era el instrumento para cucharear la sopa, trataban de llevar un poco de caldo a su boca y no conseguían más que mancharse la ropa porque todo se les tiraba, "lo bueno fue que no se cortaron" —remató.

—Eso no es nada —le dije yo—, en mis playas yo he entrenado a cangrejos para que jueguen Jai Alai con su pinza larga, los enseño a que la abran para recibir la pelota y como la tenaza se parece a las raquetas de juego, la devuelven al paredón a una velocidad supersónica.

—Sí, pero ellos lo hacen por deporte, no tienen la enfermedad de Alzheimer que tienen mis padres, están cada vez peor y yo soy su única hija, me va a costar un trabajo terrible lidiar con los dos, veo un futuro desolador que no me va a abandonar hasta que mueran.

Te prometo que yo te voy a ayudar —no se me ocurrió decirle otra cosa para aliviar su angustia—, aún no sabía que uno de ellos era un amor y la otra una chantajista, o al menos así sentí que los percibía Romina.

Romina está bastante preocupada, me comentó que en 1991 estalló y se incendió un local repleto de plaguicidas que nadie sabía que trabajaran bajo la consigna de la discreción, me pidió mi opinión respecto a que si la enfermedad de sus padres, tan jóvenes para sufrirla, no se debería a la ingestión de alimentos contaminados.

Romina es bastante inteligente, durante varios días ha estado dilucidando si la enfermedad de sus padres no se deberá a una reacción del inconsciente colectivo por el uso indiscriminado de aparatos facilitadores de la vida moderna, desde que en la escuela primaria le permitieron usar la calculadora y no le enseñaron a sacar raíces cuadradas, se empezó a cuestionar si la mente humana realmente se está asfixiando por estas cuestiones, sus padres no se lo pueden aclarar porque no se acuerdan que alguna vez vivieron el milagro de tener una hija, ella se lo pregunta a sus profesores y ellos le responden que lo vea en internet, como si el internet no fuera un facilitador de la vida y tuviera las verdaderas respuestas a la apología de la existencia.

Hoy Romina le quitó la llave de la casa a su papá para que no se saliera, la semana pasada me había contado que ya en varias ocasiones se le ha escapado vestido de frac, "usa leontina y engarza la llave de la reja para poder abrirla, —me dijo Romina—, yo la mantengo cerrada por obvias razones, sin embargo el inconveniente es que se sale y anda vagando por el centro preguntando por una armería de la ciudad de México, lo bueno es que todo el mundo lo conoce y me lo traen a la casa —continuó—, pero no vaya a suceder un día que se suba a cualquier carro pensando que son familiares o que nadie lo vea y de veras se pierda, mejor le voy a contratar un chofer para que lo pasee y sienta que está trabajando".

La madre de Romina le tiene terror al agua, quizás por eso no participó activamente en las labores de salvamento en la inundación del 99, hoy se cumplen tres meses de que no se baña y la niña se prepara para consentir lo impredecible, debe sedarla cada determinado tiempo para cortarle las uñas y limpiarle un poco el pelo.

Hoy la niña se levantó con la disposición de bañar a su madre, contactó a dos enfermeras para que la cargaran y la metieran a una ducha especial que compró para higienizar a sus padres, las enfermeras no conocían la fuerza de la señora, a pesar de ser una mujer delgada y de baja estatura tenía una fuerza descomunal, prendió a sus dos cuidadoras y les dio una voltereta que hubiese sido premiada con cuatro puntos completos en el mundial de judo, para acabarla de amolar Romina no encontraba a su padre, se había brincado la reja y andaba de paseo, no le quedó otra opción que dejar a su madre con las asustadas ayudantes y salirse a ver si lo encontraba, claro que lo encontró, estaba en el restaurant de un amigo suyo y se comía los exquisitos guisos que estaban apeteciblemente dibujados en la parte superior del mantel, Romina se sentó con él y le estuvo platicando que próximamente sería su cumpleaños y le iban a contratar payasos para su fiesta, después me dijo que había estado feliz, tardaron más de cuatro horas en llegar y lo que vieron preocupó aún más a la niña, las enfermeras estaban amarradas al sanitario y su madre las vigilaba desde arriba del lavabo para no mojarse.

Hoy el padre de Romina pasó frente a mi pecera con un panqué de chocolate, pensaba que era un juguete y retozaba con él sin comérselo, platicaba y lo hacía hablar en forma de ventrílocuo, tal como platican los niños con sus juguetes preferidos, Romina lo alcanzó y le dijo que era su desayuno, que lo probara, que sabía muy rico, el padre de Romina no le hizo caso y siguió todo el día entretenido con su nuevo amigo, yo alcancé a escuchar que le dijo algo parecido a: "enanito elefante, no te preocupes, yo te salvaré de la inundación".

Hoy el padre de Romina traía una camisa de manga larga puesta en las piernas, creía que era un pantalón que le quedaba ajustado, se sentía muy a la moda y trataba de caminar con soltura, quiso descender por las escaleras y rodó por ellas gritando: "yuupi", afortunadamente nada más se le quebró un brazo, Romina lo llevó con un doctor amigo de la familia y le pusieron un yeso de colores con las figuras de Mickey Mouse y Pluto, él adoraba los animales y llegando me pidió que le firmara su escayola, le dibujé un auto-retrato que cuando le quitaron el yeso, guardó en el closet junto con todas las cáscaras de plátano que a diario comía, contaba y calculaba en cuánto las podría vender para traer el sustento a casa, "siempre fue muy responsable y bueno en matemáticas, cuando conoció a mi madre trabajaba de gerente en un banco" —me dijo Romina.

El cambio de horario nos tiene a todos desconcertados, no entiendo por qué no se hace un estudio serio para ver si de verdad se ahorra energía, hoy sentí que amaneció más temprano, desde las 2:00 a.m. del horario de invierno, el padre de Romina nos reclamaba con ternura que quién le había derribado su casa del árbol, estaba trepado en el mango que está en el jardín jugando al balero con una cobija y una almohada, "ciertamente el

Alzheimer lo ha transformado en un niño hermoso, cariñoso y chistoso" —me comentó Romina después de bajarlo.

Romina no sabe que hoy los chicles los hacen de plástico neutro y les ponen saborizantes artificiales para hacerlos adictivos, le trajo unos a sus padres y los dos se los tragaron sin masticarlos.

Hoy tuvimos una visita inesperada, en una motocicleta toda destartalada llegó Antonio del Conde Pontones a visitar a sus parientes, tiene noventa años y se acuerda perfectamente de todo, el que no lo reconoció fue su hermano, andaba preocupado por saber para que podría servir una llave, se picaba las costillas según él para ponerse una inyección y curarse de la gripa; con el "Cuate" estuvimos platicando de varias cosas, digo estuvimos, porque Romina me sacó de mi pecera y me colocó en un tapete especial para que escuchara toda la conversación, sabe que mi padre combatió junto a Raúl Castro.

Hoy el "Cuate" nos comentó sobre el día en que conoció a Fidel Castro, nos dijo que él tenía una armería en la ciudad de México y que un día llegó un tal Alejandro a preguntar sobre unos raros aditamentos belgas que solamente los conocedores identifican, "inmediatamente y sin preguntarle para qué los quería, le dije que yo podía ayudarlo en cualquier cosa que anduviera urdiendo, Fidel o Alejandro, trasmitía una confianza carismática que pegaba fuerte en sus seguidores —nos confesó—, me alisté con su pequeño grupo de combatientes y le conseguí todas las armas que me pidió, me quise ir en el Granma —después de todo yo se lo había arreglado—, pero Fidel me dijo que le era más útil a la revolución fuera de Cuba… los gringos ya me tenían en la mira y en una de mis incursiones a su país para comprar pertrechos, me arrestaron y me sentenciaron a cinco años de prisión, solo estuve en la cárcel once meses, cuándo la revolución triunfó y Fidel se trasladó a las Naciones Unidas para explicar los objetivos del cambio, se desvió a Texas para hablar con el Gobernador y pedirle mi liberación inmediata, no cabe duda de que era un líder que jamás abandonaba a nadie".

Hoy es 17 de enero, día de San Antonio Abad, Romina me llevó a que me bendijeran y todos fuimos a misa de doce, su padre se la pasó persignándose risa y risa durante toda la ceremonia y su madre escondiéndose de los chorros del agua bendita, "El Cuate" nos esperó afuera saboreando un elote, ni siquiera pisó los escalones que conducen a los recintos sagrados, luego de la última oración nos salimos y fuimos a comer hamburguesas, al padre de Romina le encantan, llegando al restaurant, "El Cuate" pidió una cerveza, Romina un refresco para ella y otro para su madre, a su papá le pidió un vaso grande de agua de durazno con hielo y a mí un poco de agua de coco en una copita, en cuanto trajeron las bebidas, el padre de Romina nos alertó: "tengan cuidado, aunque está muy bueno, a mí me trajeron el café frío".

Hoy el padre de Romina decía que era domingo y necesitaba que lo ataviaran de etiqueta para ir a la iglesia, ya había escuchado la tercera campanada, Romina lo vistió de pants, playera y tenis, le gustaba vestirlo así porque los pants no tienen bragueta y a su padre se le olvidaba bajársela para ir al baño, de cualquier manera con los pants se quitaba toda la ropa únicamente para hacer pipí, vestido con esa ropa ligera se veía muy bien, pero quiso que además le pusieran el cinturón y la corbata de moño, "la formalidad debe ser completa" —reclamó con dulzura—, Romina accedió a su agrado y lo mimó colocándole un cinturón de piel sobre el resorte del pants y una elegante corbata de moño sobre la playera, así estuvo en su mecedora durante todo el día.

Hoy es el cumpleaños del padre de Romina, vinieron varios amigos de su edad que lo conocen desde que trabajaba en el banco, tal como se lo prometió, Romina le contrató payasos y mandó hacer un pastel de chocolate al que le puso velitas que por su número, no cabían en el área acaramelada, sin embargo las encendió y el dulce niño las apagó feliz, entre todos le cantamos "las mañanitas" y cuando terminamos aplaudió con entusiasmo, pedía dulces y su bolo, reía sin saber si la fiesta era un "baby shower" porque estaba a punto de nacer, si era su bautizo, su primera comunión o su graduación de la prepa, cuando los payasos entraron cantó con ellos "Pimpón", pero tuvieron que suspenderla porque la madre de Romina entró en shock al escuchar que se lavaba sus manitas con agua y con jabón, lo bueno fue que en cuanto se despertó comenzó a lavárselas a cada rato, su esposo sonreía feliz de la vida, creyó que esa mujer a la que no conocía era parte de la comedia y le pedía que se volviera a desmayar, después de la fiesta Romina los empiyamó y los llevó a dormir, a su padre le cantó "los tres cochinitos" mientras en otro cuarto su madre subía los burós al colchón que estaba en el suelo con el fin de que no se cayera de la cama y se pusiera a llorar.

Hoy el padre de Romina estaba bajo las escaleras aseverando que se le había olvidado si debía subirlas para algo, cuándo estuvo arriba se hacía la misma pregunta pero con la enmienda de si debía bajarlas, así estuvo varias veces subiéndolas y bajándolas hasta que llegó Romina de la escuela y le dijo que las escaleras no eran para subir y bajar, sino para llegar al cielo, entonces le preguntó que qué era el cielo.

El padre de Romina hoy se levantó con un humor extraordinario, encajaba en su lugar todas las ideas, conciliaba a la perfección los recuerdos de su vida reciente, hasta me contó que los síntomas del Alzheimer eran tres, el primero era que a los que lo padecían se les empezaban a olvidar las cosas, del segundo y del tercero no se acordaba.

Pienso que durante el tiempo que he estado bajo la custodia de Romina hemos consolidado una buena amistad, los domingos me trae de las papillas especiales para cangrejos que preparan en los acuarios del centro, a pesar de sus ocupaciones estudiantiles, vela para que mi pecera se mantenga en el nivel adecuado de oxigenación que requerimos los cangrejos violinistas, hay algunas especies de crustáceos desertores y cochinos que viven en charcas estancadas junto con los mosquitos que trasmiten el paludismo, he sabido que con el cambio climático está resurgiendo esta enfermedad junto con varias otras que los humanos consideraban erradicadas, quizás esa sea la reacción de la Tierra por alterar en demasía su esfuerzo de adaptación, no sé, le voy a pedir a Romina que me traiga algunos libros para saber cuánto ha subido la temperatura promedio del mundo, necesito buscar algo en que entretenerme en lo que ella se va a la escuela, a sus padres no les intereso en lo más mínimo y se pasan la mayor parte del tiempo complacidos en sus cuitas de la vejez, al padre, su chofer lo pasea durante todo el día y a la madre la mantienen encerrada con una asistente por el temor a que rompa las antigüedades coleccionables que se han arrumbado en la casa.

Hoy Romina me trajo varios libros, en uno de ellos vi que en el río Mississippi hay un cangrejo rojo que come mucho y de todo, pienso que debe estar influenciado por el modo de comportamiento imperial de los habitantes del país dónde se encuentra ese río, o quizás tenga algún parentesco con su actual Presidente, los dos tienen los pelos albinos y desaliñados.

"Ya Romina está en edad de merecer y aún no sé con quién la voy a casar" —habló la mamá de Romina con las paredes porque a excepción de un cangrejo solitario que vivía en una pecera, no había quién la escuchara—, seguido hablaba sola y gritaba pidiendo auxilio creyendo que la tenían secuestrada en su propia casa, de niña y de joven había sido exasperadamente nerviosa y ahora el ímpetu que había reprimido anteriormente, hacía su aparición para cobrar la factura a quién se acercara a ella, cualquier persona que se atreviera a mencionarle el baño conocería sus encantos.

El Alzheimer de la madre de Romina es mil veces más fuerte que su propio razonamiento, hoy la menuda mujer rompió una escultura original de porcelana que pesaba más de doscientos kilos, Romina tuvo que llamar a un neurólogo para que le cambiara el medicamento.

Por la noche la madre de Romina anduvo a gatas por toda la casa, a pesar de lo fuerte del nuevo medicamento, no se resigna a quedarse encerrada con una mucama, se levanta del colchón que tiene en el suelo y busca todo lo que este a su alcance para elevarlo y quebrarlo, a los cables de los electrodomésticos los desenchufa y amarra con ellos las patas de cualquier mesa que se encuentre, Romina me puso a cuidarla, yo la tendría que despertar para avisarle de los peligros latentes, sabe que tenemos el mismo panorama y su madre nunca se imaginaría que un cangrejo violinista la vigila, a ver si no me apachurra de un manotazo.

Hoy Romina amarró una cuerda del picaporte de la puerta al barandal de la escalera para que su madre no se saliera de la recamara y poder ir tranquila a la escuela, las enfermeras le tienen temor y se quedan afuera, sólo entran para ver que se le ofrece, pero se salen de inmediato porqué las agarra del brazo y les hace unos moretones que parecen magulladuras de hipopótamo.

Hoy Romina decidió internar a su madre en un asilo especializado, es la única manera de que pueda seguir estudiando y terminar su carrera, ella se quedará en casa con su padre a quien atiende con cariño mientras él se distrae con lo que encuentra y no sabe quién es la niña que le otorga todos esos halagos, "mi madre tendrá amigas y estará con los mejores médicos, yo la podré ver las veces que quiera, aunque sé que cada vez que vaya a verla tampoco me va a reconocer" —pensó.

Rafailito

Prepárense porque hoy vienen a cenar Rafailito y su hijo —habló la madre de Romina a su esposo y a ella—. Rafailito era un gordo que pesaba más de 350 kilos y cada que iba de visita rompía invariablemente el sofá de la sala al sentarse, los padres de Romina eran menudos de cuerpos y habían amueblado su vivienda con enseres ligeros que no representaban demasiado cuidado en el quehacer, Rafailito no se percataba de esas minucias y se dejaba caer con toda su corpulencia en cualquier banco donde pudiera recuperar las fuerzas que se le habían escabullido al caminar unos cuantos pasos, no podían decirle que no fuera, era el padre de un muchacho al que aspiraban casar con Romina porque pensaban que iba a heredar a su hijo bastantes propiedades en la ciudad donde vivían, incluso tenía ranchos de ganado Cebú adonde habían acudido de invitados en más de una ocasión los padres de la niña cuando eran jóvenes.

—Hay que lavarse las manos antes de comer —expresó la madre de Romina, pensando en la paranoia de las bacterias y no en la formalidad de la cena.

Sus visitas parecían el preámbulo de un matrimonio arreglado, un prefacio en el que los jóvenes se divertían con los tradicionales juegos de niños, mientras los progenitores disponían de sus vidas para endilgarles varios nietos, para ese día en particular los padres de Romina encargaron cuatro kilos de carne de cerdo que las sirvientas prepararon exclusivamente para Rafailito, lo hicieron en un guiso aderezado con achiote y naranja de cucha, no era cochinita pibil pero tenía un sabor parecido, a la hora de la convivencia gastronómica le acercaron también dos kilos de tortillas hechas a mano con las que el rinoceronte acompañó los frijoles refritos, los demás comieron unas saludables ensaladas veganas, cuando terminaron le ofrecieron un pastel de tres leches al que el adiposo personaje le cortó la mitad para devorarlo de un solo bocado, no aceptó el café porque le hacía daño, "además ya es demasiado" —les dijo—.

La madre de Romina fue a lavarse las manos y después pasaron a la sala de estar a tomarse un digestivo, a Rafailito le señalaron una piedra de cantera para que se repusiera de la comida, el invitado no entendió la indirecta y se arrellanó en un sillón que rechinó sus bisagras antes de dejarlo caer estrepitosamente en las baldosas de cerámica, nadie lo podía levantar, le pidieron disculpas por esos muebles modernos que cada día los hacían menos resistentes y les hablaron a los vecinos para ponerlo de pie, los niños acostumbrados a estos menesteres, jugaban quitados de la pena en el espacioso jardín donde había un agujero mágico que conectaba la propiedad privada con un mundo de ilusiones, mundo que estaba representado en los bosques frondosos que les daban sombra a las chozas de bombones y chocolates.

Ahí se metieron los niños para llegar al paraíso terrenal que les habían detallado en los cuentos de hadas, querían toparse con Hansel y Gretel para señalarles el camino de regreso, recorrer las maravillas del país de Alicia y darle un sermón al lobo de la Caperucita Roja, todo lo planearon meticulosamente, pero no encontraron más que miles de troncos inertes de árboles sin follaje cortados con una sierra eléctrica, no había brujas ni conejos ni sombrereros, el único lobo que localizaron era un perro callejero, estaba famélico y les pidió una caridad para llevar alimento a sus cachorros, era noble y no había comido en varios días, los niños desilusionados regresaron a la casa y descubrieron que los cuatro kilos de carne de puerco que se había devorado Rafailito, eran las piernas de práctico, un cerdito que no pudo construir su morada porque lo habían destazado antes, entonces los niños se encerraron en un closet y aborrecieron a Rafailito, su hijo se alió con su prometida y entre los dos pactaron nunca buscar la felicidad que se vaticinaba en todos los cuentos, si les llegaba sin perseguirla, pues qué bueno, tenían dinero suficiente para no preocuparse por conseguirlo en varios años, pero, ¿buscar la felicidad?, cómo que no era un objetivo congruente para justificar una existencia pronosticada de noventa años, se reían de todo sin ningún motivo y se prometieron jamás desperdiciar un solo instante de su vida en rastrear los sentimientos del otro para preguntarle si era feliz.

Como respuesta a ese choque emocional en el que se involucraba el amor, ambos juraron luchar por la refundación de un mundo pleno en el que la tristeza sí fuera parte de la alegría y en el que la devastación no fuera parte de la desigualdad, buscaron la asesoría en las mil y una noches que pasaron sin dormir y se dieron cuenta de que en los libros se encuentran las respuestas a todas las inquietudes, descubrieron un relato escrito en sánscrito en el que sin la intervención de duendes, todo salía bien, el relato era largo pero nada tedioso, su lectura duraba cinco mil millones de años pero se asimilaba en aproximadamente dos horas, Romina y el hijo de Rafailito lo entendieron en menos de cinco minutos, luego salieron del closet para volver a la realidad.

En la sala sus padres hablaban de pintura, Rafalilito les presumía sus dotes de modelo, les contaba que Fernando Botero lo había plasmado en un lienzo bailando con una gorda que él ni conocía, el cuadro junto con otros del mismo autor, lo tenía en su casa en una caja fuerte a temperaturas estables día y noche, valía mucho dinero y solamente lo admiraba con lentes infra-rojos especiales para no exponerlo a la luz artificial, se llevaba chicharrones de botana y se pasaba varios días contemplando las pinturas del artista, el sólo mirarlas le daba hambre y no se explicaba por qué, decía que su organismo debía tener un metabolismo diferente al de la normalidad de la población, ya se había hecho un análisis de la glándula pituitaria y esta se encontraba en condiciones medicamente aceptables, por lo que para aliviar la depresión que le provocaba la gordura, comía y comía durante todo el día mientras disfrutaba del arte.

— ¿A qué horas vamos a desayunar? —Preguntó Romina con un tono sarcástico—, mi cangrejo debe tener un hambre terrible.

—Pues llévale un poco de las papillas que te traje del Centro, respondió su Madre al tiempo que interrogaba a Rafailito si se lavaba las manos después de manipular las pinturas, "dicen que los pigmentos contienen bacterias mortales" —aseguró.

Estoy convencido de que las relaciones de complicidad son más fuertes que las de amistad, Romina y su cómplice llegaron a mi pecera con una actitud tierna y a favor de los animales invisibles de su bosque talado, Romina había desarrollado conmigo una voz interior paranormal que nos trasmitíamos en conjeturas a las que ella llamaba corazonadas, los cangrejos lo llamamos telepatía y lo practicamos desde hace tiempo para derrotar las tropas de los ejércitos cuando los presidentes ignorantes son elegidos por un pueblo también ignorante, con Romina y el hijo de Rafailito platicamos de su bosque de sueños, Romina le traducía nuestro lenguaje a Rafa Jr, los dos me dijeron que no se valía lo que le habían hecho a los árboles en la proximidad de su casa, los habían dejado mochos y discapacitados casi besando el suelo, aún no había leyes de compensación para los vegetales inválidos y por eso no podían denunciar a los taladores, sabían que la demanda debía ser formulada pronto, con esa floresta habían crecido, ellos eran parte de ella y ella les pertenecía en su copartícipe espacio espiritual, yo les insistí en el compromiso transgredido de sus papás al dejarlos inermes ante un Planeta sin recursos naturales, los exhorté al activismo ambiental, les enumeré todas las torturas que hemos sufrido los animales y vegetales para que ellos pudieran tener el dinero que van a heredarles sus padres, les revelé que la obesidad es un atraco al medio ambiente, para producir un kilogramo de carne roja se requieren quince mil litros de agua y con todos los granos que se le dan al ganado, se puede alimentar fácilmente a la población mundial, los conminé a no decirle nada a Rafailito porque si de por sí los padres de Romina no me tenían ninguna consideración, "imagínense ustedes si Rafailito se entera de lo que les estoy diciendo", con esas palabras nos envolvimos en una complicidad silenciosa.

— ¡Vámonos hijo!, gritó Rafailito desde la sala.
— ¡Ya voy papá!, contestó Rafa Jr desde la recamara

La despedida fue inusual, tal como sucedía con la imaginación vacante de la mente de la pareja de anfitriones, no hubo cortesía de beso porque la panza de Rafailito les impedía cualquier acercamiento, además la madre de Romina se había lavado las manos segundos antes y no quería tocar sus mofletudos cachetes, en ocasiones los conocidos de confianza le hacían la broma de no saber dónde había escondido la panza para engendrar a su hijo, pero hoy no era el caso, la cena fue formal aunque olvidadiza, para corresponderla, Rafailito los invitó al rancho donde criaba toros de lidia, engordaba ganado estabulado y ordeñaba vacas lecheras de la raza Holstein.

En el día de la correspondencia las atenciones fueron sobradas, los padres de Romina no sabían dónde estaban y se ocupaban en divertirse con los pasteles que Rafailito había dispuesto en la mesa de honor, la cual, elegantemente adornada, les ofrecía los mejores asientos y los instigaba a ser parte de los jardines recién cortados para esta importante ocasión, los padres de Romina no aceptaban el regalo y parados dibujaban con el dedo caras de payasos en el betún de los pasteles, luego se chupaban el dedo sin ningún recato. Cerca de ellos había un macizo de arbustos que escondía la belleza de unos robles extremadamente frondosos entre los que se asentaba una sola banca, ahí se sentaron los niños para apartarse del bullicio presentido por su penetrante imaginación, veían los movimientos de los invitados pero la sombra de los árboles resguardaba su desdén hacia las costumbres de la presunción, en una de sus observaciones escucharon a Rafailito y a su nueva consorte agradecer la presencia de los invitados, les decían que ellos habían arreglado personalmente el paisaje y lo habían dispuesto de esa manera porque en ese día tenían planeado pedir la mano de Romina. No contaban con que fuera un día malo en el devenir enfermizo de los que ya consideraban sus consuegros, un día de esos en los que se duplicaban los problemas porque a los principales invitados les estaba arrullando el olvido, uno de los días en que toleraban en pareja la perturbación del padecimiento que les atrofiaba la mente, uno más de los días en que la felicidad y el sufrimiento de ambos se fundían en un solo sentimiento mutuo.

No eran los únicos comensales y Romina lo supo desde el día de la cena que hubo en su casa, no creyó en el travieso destino juguetón y se los llevó casi a fuerzas, yo iba en una pequeña cajita de cartón de las que se usan para envolver regalos, al llegar al rancho, Romina la abrió para que pudiera correr por los jardines y captar las emociones de los asistentes, ella tampoco sabía que la iban a pedir en matrimonio.

El día en sí no era tétrico, brillaba un sol esplendoroso que intentaba colarse por entre las hojas que impedían el resplandor de su tersa luminiscencia, lo que distraía a los demás concurrentes era el solaz esparcimiento de unos sexagenarios que en instantes cambiaban su carácter de la niñez a la introspección y luego a la ira.

—Mira, hice a Cepillín —dijo con dulzura el padre de Romina y terminó de chuparse el dedo.

— ¡Ya!, ¡compórtate!, —lo regañó la madre de la niña en un soplo de lucidez—, estamos en una reunión importante.

Se sentaban y se paraban, no encontraban su lugar, a veces la mamá de Romina le arreglaba el nudo de la corbata y al ratito le decía que para qué traía ese trapo colgando, otras se reía de tonterías mientras le preguntaba a Romina quién era ese hombre, "ella nunca se había casado" —gritaba para que la escuchara la multitud—, creía que estaba de soltera en un mitin político en los que participaba cuando era joven: "lo que debemos de hacer es no ir a votar, todos los candidatos son un peligro para México, la izquierda y la derecha son las manos con las que jugamos, las corrientes ideológicas las sostienen y luego las dejan en otras manos que no las sostienen, las dejan morir, pinche gobierno", no era mal hablada pero el padecimiento de la enfermedad la transportaba a lugares desconocidos en los que todos sus habitantes decían malas palabras, "al rato voy a confesarme con un cabrón que me perdone todo". Al rato no iba a ningún lado, pasaba el momento dando vueltas por todo el jardín a veces corriendo y a veces trotando.

Los invitados pasaron a comer, un toldo protegía las mesas del fulgor del mediodía y los elegantes platos esperaban las viandas preparadas por el chef Françoise, los meseros formados iniciaron a repartir un entremés de frutas exóticas al vino tinto combinadas con médula de cuernos de rinoceronte, por la presentación del platillo nadie comió nada y los meseros tiraron todo a la basura, luego continuaron con una nieve de limón para limpiar el paladar y ofrecieron unos tacos de caviar con salsa de chile habanero, tampoco nadie comió, la salsa había quedado excesivamente picosa, después sirvieron unas postas de jabalí ahumado aderezado con néctar de víbora de cascabel al chipotle, la guarnición era de verduras traídas de la isla de Madagascar, por el temor de envenenarse los invitados dejaron la mitad del plato mientras el chef Françoise estaba pensando seriamente en suicidarse, lo único que lo detuvo fue el amor de su pinche que disponía los platillos con una generosidad envidiable, a escondidas había preparado unos frijoles de la olla y los distribuyó sin que nadie se diera cuenta como si fueran el postre, los pasteles estaban chupados por los padres de Romina y sus frijoles fueron un éxito, durante el café zurrado por los changos de Indonesia, Rafailito pidió la atención de los invitados:

—"Señores y señoritas, caramelos y bolitas, solicito un momento de su atención —gritó Rafailito cegado por la emoción y golpeando una cuchara de plata sobre una copa de cristal de Bohemia, la copa reproducía el aterciopelado sonido del cristal en los follajes de los espesos árboles que custodiaban el evento—, agradezco su asistencia a este magno acontecimiento, no quiero ser extensivo en mi discurso, mi gordura me impide estar hablando por mucho tiempo, sólo quiero decirles que el treinta por ciento de la comida elaborada en el mundo se tira a la basura… ah!, y otra cosa más que me llena de orgullo, quiero solicitar para mi hijo, la mano de Romina del Conde".

Los padres de Romina le gritaban: ¡Fuera!, ¡Fuera!, y antes de que se abalanzaran sobre el que no sabían quién era, Romina y Rafa Jr se adelantaron para tomar los micrófonos:

—"¿Y a quién le pidieron permiso para casarnos? —inició Romina—, nosotros ya hemos decidido nuestro destino, nunca vamos a crecer porque en su mundo, los niños que crecen no son felices, ustedes les trasmiten toda la inmundicia que traen en la mente y les atrofian la posibilidad de continuar su vida por un camino sano, les heredan las deudas y los hacen luchar siempre en un sistema de corrupción en el que nadie gana".

—"El mundo que han forjado es como los casinos —continuó Rafa Jr—, con las ganancias de su crecimiento económico, nos han eliminado a los niños la única alternativa de convertirnos en adultos, se llevan lo valioso de la naturaleza y nada más dejan los agujeros de lo que extrajeron, tenemos miles de joyas que nos han regalado y miren —dijo enseñando las manos—, no llevamos ni una puesta, nos cambiaron la ilusión de los cuentos por unos metales que no sirven más que para contaminar el agua, nuestro bosque de sueños ha sido talado con su riqueza" —finiquitó.

— ¡Bola de rateros! —continuaban gritando los padres de Romina con el cerebro obnubilado—, igual podían haber gritado: "¡arriba el Atlas!", a esta hora del día ya no sabían ni lo que eran los rateros ni lo que era un equipo de futbol, siempre al caer la tarde les invadía una vacuidad más profunda que las noches en las que no soñaban nada, se mantenían dispersos en cualquier lugar donde estuvieran, hoy se encontraban en una fiesta que no les pertenecía y estaban acompañados por una multitud también indiferente, mejor se fueron al lienzo en el que Rafailito tenía preparada una tienta con unas vaquillas bravas, mientras caminaban cada uno en su propia senda mental, los niños novios se entretenían en regar con un botecito enmohecido una flor que había nacido al tirar en la mañana un pequeño guisante, esperaban que creciera de inmediato para escaparse al cielo.

En el lienzo Rafailito quiso probar fortuna con una vaquilla afeitada que por lo mismo no medía bien la distancia, pidió un pañuelo rojo de San Fermín y se puso de espaldas colocándoselo sobre los hombros para intentar la suerte de porta gayola, a pesar del corte de los cuernos serruchados del animal, su gordura no le dejaba espacio en el ruedo para eludirlo, la vaquilla lo tumbó en el mismo sitio donde la citó, los forcados contratados la agarraron de la cola y entre todos levantaron al marrano, todo terminó en un susto que no pasó a mayores.

A pesar de que era su papá, Rafa Jr le comentó a Romina que los toros eran los únicos que se topaban varias veces con el mismo animal, —Romina asintió.

Salieron del lienzo y fueron a ver si su guisante había crecido, querían llegar a la constelación del cangrejo para posarse en sus estrellas y desde la inmensidad del vacío sideral decidir el futuro del mundo, voltearon hacia arriba y lo que vieron los llenó de entusiasmo, su árbol había crecido 13,800 millones de años y llegaba al centro del universo, subieron por él y en su trayecto vieron nacer millones de estrellas, caminaron un poco más adentro y sólo vieron hidrógeno radiactivo, es decir, el único electrón que tenía, se desprendía de su único protón y viajaba por los agujeros negros de La Nada con el fin de intentar pegarse a otros protones que no existían en ningún lado, eran lugares incomprensibles donde la luz se evaporaba y donde su árbol ya no tenía más ramas por las cuales caminar, lo interesante de su aventura fue que no había ogros malignos que quisieran comerse a los niños gordos, en ese instante supieron que habían descubierto el origen de la vida y volvieron rápidamente al rancho de Rafailito a contárselo a quién tuviera oídos para oír, obviamente nadie los quiso escuchar, estaban muy ocupados buscando en la niñez olvidadiza el origen de la vida.

Los padres de Romina jugaban a dar vueltas agarrados de las manos, lo estrambótico era que todos los invitados se les unían y hacían una gran ronda donde vendaban a Rafailito de los ojos y lo ponían en el centro, lo empinaban y le sobaban el lomo diciendo que le echaran sal al animal para que supiera quien lo picó, Rafailito nunca adivinaba y debía ponerse otra vez agachado, por lo que a iniciativa del gordo, mejor jugaron a la gallinita ciega, no se podía mover y no atrapo a nadie, hicieron un bebeleche en el que se acostó para contribuir con su cabeza al número 10, ya no estaba gordo, ahora era plano y funcionaba de forma ideal para el juego, todos mojaron la servilleta de la comida y siempre le atinaban a la cara para poder brincar sobre su cuerpo, saltaban y daban marometas en el aire como si fuera un brincolín de los que se alquilan en las piñatas, ahí terminó la reunión, Romina sacudió el agua de mi pecera y me despertó del sueño que agitaba mi cerebro, la angustia que me daba despedirme de ella para volver a la pequeñez de la realidad cangrejera, atrofiaba mi actitud utilitaria y me causaba modorra durante todo el día.

Regresé a morir y no logré mi cometido

He estado mucho tiempo en este alto ambiente social y artificial que no es el mío, me siento como los animales de los circos que tienen el alimento que demandan, duermen en jaulas confortables que a veces no lo son tanto y se adaptan fácilmente a la comodidad, viven en la seguridad de un entorno en el que no se pueden desarrollar porque su instinto es de ayuda hacia todas las formas de vida, a ese estilo de colaboración incondicional los humanos le llaman "vida salvaje", quizás para ellos signifique un retraso en la manera particular con la que creen que han alcanzado la perfección, pero para mí esa vida salvaje es mi ambiente y la deseo con el instinto animal que me arrastra desde el fondo de mi débil cuerpo cangrejero, es obvio que la raza humana no sabe de qué se trata ni entiende los instintos de los animales, no han reconocido sus garrafales errores depredadores y están configurando cada día con más fuerza sus propios pretextos para disuadir su pensamiento de cualquier comprensión de las razas menores, sin embargo estoy seguro de que todos los animales y las plantas piensan como yo.

En este ambiente artificial me acuerdo de cuando mis sobrinos me invitaron al circo, me siento otra vez como cuando estaba en el acuario y yo no nací bajo los lineamientos de la comodidad, mi propensión hacia la adopción fue para relatar los sucesos que acontecieron a las personas que protagonizaron los capítulos anteriores, pero ya llevo demasiado tiempo en este engorroso entorno adulterado en el que todo mundo finge estar satisfecho de lo que ha logrado, me urge volver a mi hábitat natural, se cerró el ciclo de una existencia solamente obsesionada por la acumulación de bienes que no sirven más que para presumirlos ante los demás, en mis peceras he tenido laberintos, jardines, castillos y piedras preciosas, abundante comida y peces coloridos que me obedecen, pero nunca he tenido la concordia de mi hábitat natural, en mi playa hay arena, mar, aire, sol, y todo el mundo la ve con el carácter rutinario de una vida mediocre, a nadie le inquieta que se estén blanqueando los arrecifes de coral y que los cangrejos nos estemos extinguiendo, yo soy el único que disfruto de un paraíso terrenal regalado para conservarlo y mejorarlo con la ayuda de los conocidos de mi especie, sé que aunque no sean conocidas, también las demás especies están preocupadas por atender los deterioros medioambientales y son incondicionales del progreso natural, en mi ambiente me encanta mirar hacia el horizonte y percibir los amaneceres, contemplar las palmeras y recortar su verdor contra los ocres azulados que se pintan solos al caer la tarde, lo mío, lo mío, es la playa, los estanques de vidrio son ideales para especies sin preocupación por el deterioro ambiental pero no creo que haya muchas, incluso me atrevo a decir que la única son los hombres, ellos son los que debieran estar nadando en esas cárceles de cristal que parecen zoológicos arcaicos y nosotros estarlos mirando para que nos hagan monerías.

Aprovecho la noche para deslizarme de mi estanque y caminar por donde la mamá de Romina andaba a gatas, conozco la casa perfectamente y sé que hay un agujero en la pared del jardín por donde los niños a veces se escapan de la realidad y por donde yo puedo escaparme hacia la "libertad" de un mundo depredado por el hombre, ya no existen las selvas ni los bosques que antes cortejaban la casa, tendré que atravesar por cementerios de árboles inertes, pero como dicen los ideólogos: "la libertad es sagrada, no importa que se duerma vigilado en una cama de piedra". Le dejo una nota a Romina en la que me disculpo por no haberme despedido de ella, en estos momentos debe estar descansando y no debo perturbar su sueño, ha sufrido mucho por el Alzheimer de sus padres.

Llego a Tecolutla e inmediatamente voy a la Bocana a recordar viejos tiempos, veo con tristeza que el paisaje ha cambiado, ya no es el horizonte soleado que aprecié en mi niñez larvaria, los manglares han sido arrasados por la erosión que viene desde las zonas deforestadas del centro del continente, los humedales ya no son los ecosistemas puros que conocí, están llenos de torres de petróleo por los que sacan el crudo que exportan para comprar gasolina, bendito negocio: acaban con un sistema natural, esclavizan a sus habitantes, contaminan el agua, obligan a los animales a emigrar y cambian el clima para enriquecer a otros.

Algo está sucediendo en el mundo por culpa del hombre, mis hijos que veo de nuevo, me dicen que sus hembras transportan millones de huevecillos y al final cuando los sueltan sobreviven muy pocas larvas, parece ser que las aguas marinas del Golfo de México están sumamente contaminadas con hidrocarburos, yo he visto ya muy pocos cangrejos y están asustados en lo más recóndito de los manglares para esconderse de los leones que llegan agresivos a las playas a buscar comida, también he visto algunos tigres de Bengala, no sé si son descendientes de los felinos a los que les abrí las jaulas del circo o de verdad son tigres salvajes que como refugiados ambientales emigran desde la India por la exagerada polución que existe en ese país, ya nada más falta que vengan también los osos polares a buscar un poco de amistad huyendo del deshielo de Groenlandia, los osos son solitarios y muy poco sociables, están acostumbrados a caminar y nadar varios kilómetros para conseguir su alimento, con el cambio climático los humanos se la están poniendo cada vez más difícil, deben emigrar hacia lugares más fríos y bajar por comida a lugares más cálidos, a veces se meten hasta las ciudades.

Hoy llegué a algunas conclusiones sobre los efectos de la alteración humana en el Planeta, la causa principal ya la conocemos todos los animales: fue la revolución industrial, pero lo que me interesa en este momento no es analizar las causas, sino ver los informes elaborados por los propios humanos sobre las desapariciones forzadas que han sucedido a partir de esa época, según el dictamen de una plataforma intergubernamental científico normativa sobre la diversidad biológica y servicios de los ecosistemas, dependiente de la ONU, los insectos han disminuido en proporciones considerables y el 80% de los cultivos depende de su polinización, el 25% de los suelos ha registrado pérdidas en la productividad por la degradación, desde el siglo XVI se han extinguido 680 especies de vertebrados y hay más de 1,000 razas de animales amenazadas, y lo más importante, hay 500,000 especies terrestres que viven en un hábitat insuficiente, me dan ganas de lanzarme a Nueva York para explicar en la ONU lo que sentimos los cangrejos al analizar estas barbaridades.

Hoy solicité por medio de una asociación de ecologistas, una audiencia con el presidente de la Organización de las Naciones Unidas, no me la concedieron, a los animales no nos toman en cuenta, vamos a tener que fundar una Organización de los Ecosistemas Mundiales para que nos hagan caso.

De verdad que algo raro está sucediendo en el mundo, los daños en el medio ambiente terrestre superan el 75% de las tierras y en el mar el 40% está estropeado, para confirmar la evidencia ayer aconteció una extraña muestra de estas rarezas: arribaron a la costa mexicana una pareja de elefantes marinos y me preguntaron que por donde se podían regresar a la Patagonia, yo les respondí que andaban en un contexto climático fuera de su hábitat natural y los cuestioné sobre cómo habían llegado hasta el Golfo de México, no me contestaron nada y comenzaron a pelearse de una forma vulgar y demasiado ruda dándose de pechazos, yo sabía que los elefantes marinos se pelean entre los machos para tener el acceso dispuesto a la hembra con la que quieren procrear, pero, ¿pelearse entre una pareja?, quizás el macho alfa ya estaba aburrido de la compañía y no podía zafarse de ella porque andaban perdidos, o quizás solo estaban bailando, los elefantes marinos son la única especie animal que puede seguir un ritmo musical.

Hoy en la mañana me acosté a esperar la llegada de la catrina esquelética, me han dicho que cuando uno está complacido con su propia existencia, es tiempo de relajarse y aguardar la llegada de la calaca cangrejera, en algunas ocasiones cuando era larva las conchas de sus huesos me asustaban cuando dormía, pero hoy en el periodo final de mis días ya no tengo el temor de su presencia, sé que a los cangrejos jóvenes que miran hacia el fondo de los esteros siempre les da miedo y se esconden por entre las rocas para que la muerte temprana no los atrape, pero a mí ya me daría hasta gusto que me llevara, ya me siento bastante cansado, he cumplido con prodigalidad la misión que me fue encomendada y estoy satisfecho con todo lo que he hecho, no me arrepiento de nada.

Llevo ya cuatro días dormido y la calaca de las conchas del rubor helado no se aparece, hoy es de noche y ya no tengo ni la sombra del cansancio anterior que me hizo regresar a mi terruño, me late que todavía tengo bastantes cosas por hacer en la vida, aunque sea la hora acostumbrada de la siesta nocturna cangrejera, me arrastro y me apuro a poner mi diario al día, me paso toda la noche en vela escribiendo sobre los sucesos que han acontecido en estos días.

Parece ser que no ha sucedido nada importante, lo único que he anotado es que ya llevamos varios días en los que la lluvia se ha convertido en la dueña de todo el entorno que nos guarece, el agua no es mala, de ahí surgió la vida y su abundancia es benéfica para los cultivos de grano que los campesinos siembran por estas fechas, pero ya varios días, no vaya a ser que en lugar de cosechar mazorcas se les eche a perder la milpa, he vivido varias inundaciones y no me gustaría llegar a otra.

Antes de volver a la actividad productiva, necesito ir a un hospital de mascotas a que le den una sopleteada a mi caparazón duro, más que de arena, se ha llenado de ideas perniciosas y es preciso espantar la contaminación mental que no me deja escribir como se debe.

Todavía necesito aprender muchas cosas, nunca supe para qué me fueron regalados los dones de caminar hacia adelante y el de crecimiento inmediato de la tenaza mayor al soltarla, quizás fueron para que pudiera escribir este libro, pero siempre con la duda de estar elucubrando para que me pudieron haber servido, también carezco de sistema inmunitario y no puedo desarrollar anticuerpos para combatir las infecciones, soy de sangre azul pero no de la nobleza, tal como los cangrejos herradura, no tengo hemoglobina, tengo hemocianina, mi sangre se vale del cobre y no del hierro para transportar mi oxígeno, quizás ese fue el propósito de mi existencia, necesitaría ir a un laboratorio a que me saquen sangre y vean si se coagula alrededor de los agentes invasores de los fármacos, si no se coagula el fármaco está limpio y podrá salvar varias vidas humanas.

También necesito aprender del ciclo del agua para ver que puedo aportar en las reuniones de conspiradores a las que han vuelto a convocar por enésima vez las aves, las aguas contaminadas han alterado ese ciclo de evaporación-lluvia-filtración-ríos, hay lugares que tienen mantos acuíferos abundantes pero sus pobladores no pueden tomar el agua porque les hace daño, tiene petróleo en cantidades exageradas y se envenenan, incluso en el mar los tiraderos de hidrocarburos han modificado el ADN del fitoplancton y ya no produce el oxígeno con la calidad con la que lo producía en los primeros tiempos, esto ha afectado en un círculo vicioso al ciclo del agua y las lluvias ahora son ácidas.

Ya es una urgencia el combate al cambio climático, los humanos han convocado a reuniones en las que el Panel Intergubernamental de las Naciones Unidas, les dice que si la Tierra aumenta su temperatura promedio en más de 1.5°C, pueden suceder catástrofes impredecibles que los van a llevar a un punto de no retorno, la más sonada ha sido el acuerdo de París, donde se congregaron 198 países a promover convenios vinculantes, pero a la hora de la hora, no se estipularon verificaciones ni sanciones y las reducciones de gases de efecto invernadero quedaron a criterio del crecimiento económico de cada país, es decir, dejaron fuera los derechos de las especies —incluyendo la de ellos— y se la pasaron discutiendo lo que denominaron "la diferenciación", que a final de cuentas es la lucha por el dinero, no cabe duda de que los humanos no van a aprender por sí solos, va a ser necesario que los animales intervengamos en sus procesos evolutivos para que todos podamos pervivir eternamente en el cosmos.

He platicado con otras especies para analizar cómo interactúan con el ser humano y ver la posibilidad de convocar a una huelga de proteínas que obligue a los hombres a retornar al estilo natural de supervivencia saludable y colectiva, benéfica para todas las formas de vida. Para recuperar la fisiología sana del Mundo es imprescindible trocar el pensamiento de los hombres y dirigirlo hacia el ineludible salto del nicho ecológico en el que viven, el cual obviamente, les va a exigir abandonar también su nicho económico, no lo van a hacer por sí solos, va a ser necesario impulsarlos por medio de epidemias demoledoras en las que cualquier producto animal les haga daño, no sólo la carne de puerco, para eso debemos alterar genéticamente las células de los cuerpos en los seres que son consumidos por los humanos para que no les sean provechosos de ninguna forma, ellos mismos ya están alterando su organismo con bebidas carbonatadas que contienen una excesiva cantidad de azucares dañinos, también con el consumo de granos transgénicos que han sido cultivados con fertilizantes químicos y trastornan por esa causa el equilibrio del medio ambiente global, hace falta la intervención de los animales para evitar que las enzimas y los aminoácidos les aporten nutrientes, debemos mutar nuestro metabolismo y transformar los consumibles alimenticios en venenos eficaces para el ser humano, es la única manera como van a entender que los animales no somos sus esclavos ni sus seres inmolados en aras de un enriquecimiento logrado con nuestro sacrificio.

Hoy vi a varios campesinos que se contrataban para trabajar con una empresa petrolera que prometía facilitarles la vida a cambio de que la dejaran explorar sus tierras para explotar los campos petroleros subterráneos mediante un sistema al que ellos le llaman "fracking", la necesidad, la desigualdad y la falta de un empleo digno los han orillado a trabajar en lo que les ofrezcan, sus ambiciones de una vida sustentable están siendo reguladas por los medios de comunicación y piensan que el beber agua en una botella de plástico es lo más cool del mundo, sin embargo algunos activistas les han dicho que el fracking va a contaminar los mantos acuíferos y que no se crean de lo que les prometen, no se deben dejar conducir por lo que les digan los empresarios voraces que sólo quieren sacar petróleo sin pagar impuestos y después dejarles un cochinero de tierras en las que no van a poder sembrar ni nopales.

Hoy llegaron las compañías petroleras a sacar por medio del fracking el petróleo restante de un pozo que PEMEX dejó abandonado hace tiempo, traían parte de la maquinaria que vi en la selva cuando el halconcillo me llevó a conocerla, en cuanto se escuchó el ruido de sus motores, un grupo de saraguatos los rodeó y con agresividad les pidieron a los choferes que los apagaran y se largaran. Ante los disparos que los dueños de la compañía hicieron con una escopeta que sacaron de la oficina, los monos se lanzaron en pos de los humanos depredadores, entonces también los obreros reaccionaron y avisaron por radio para que vinieran los elementos de seguridad privada que habían contratado los dueños, la lucha fue desigual, los saraguatos se la pasan descansando la mayoría del tiempo, comen una especie de hojas que les proporcionan muy poca energía y no pueden combatir con la tenacidad requerida en este tipo de batallas, pero contestando al llamado de las aves para defender los territorios naturales que pertenecen a todos los seres vivos, los monos avisaron mediante aullidos a miles de compañeros de especie, quienes gustosos acudieron a expulsar a los depredadores que iniciaban con el putrefacto fracking contaminante del agua, las palomas mensajeras llevaban la declaración de guerra a otras especies, los changos morían por cientos con los disparos de las armas que portaban los humanos y también por cientos llegaban en manadas de la Sierra Madre del Sur, su bandera era sencilla, en un trapo blanco de la paz dejaron el cuadro verde de la esperanza y dibujaron a un mono diciendo lo siguiente: NO + $, TENEMOS SED, en sus discursos el comandante supremo de las fuerzas armadas vertebradas, les explicaba que el hombre debía dejar de estudiar cuan inteligentes eran los chimpancés para modificar su sistema educativo y establecer maestrías donde se estudiara cuan estúpido es el ser humano, "todo lo quieren realizar por medio de calculadoras, están perdiendo su inteligencia natural para desarrollar una inteligencia artificial que en poco tiempo los va a sustituir" —esclarecía en sus arengas—, varios elefantes y tigres de los que se escaparon del circo cuando les abrí las jaulas se incorporaron a la lucha, unos aplastaban a sus víctimas y otros los destazaban para vender su carne a los caníbales, con ese dinero se podrían contratar algunos tiburones mercenarios y financiar los combates que se pronosticaba iban a surgir por venganza, los humanos nunca reconocen sus derrotas y se la han pasado luchando desde que se comenzó a escribir la historia del mundo, es más, su historia es únicamente la descripción de las victorias que han tenido los conquistadores de tierras, nunca han relatado, por ejemplo, la ayuda que se prestaron las bacterias para que ellos pudieran aparecer en el maravilloso contexto de la tranquilidad natural.

Continúa la lucha armada, hoy se incorporaron varios activistas humanos que protegen a los animales, con esta incorporación el balance de milicias se inclina hacia un empate, de forma pacífica los conscientes voluntarios bienhechores de la existencia, se plantaron frente a los bulldozer para evitar cualquier movimiento de tierras, las retroexcavadoras ya habían sido tomadas por los macacos tailandeses que llegaron de la región de los Tuxtla y no costó ningún trabajo obligar a las partes a un dialogo ambiental para dirimir las controversias.

La mesa de dialogo se instaló en una zona neutral, se eligió un bosque de coníferas y encinos ubicado cerca de Teziutlán, el lugar tiene un clima templado debido a la evapotranspiración de sus árboles, las sombras proyectadas de sus follajes y los iones de plata coloidal que en ellas se multiplican, era lo más adecuado para discutir lo que fuera, en ese entorno el pensamiento se purifica y todos salen ganando. En cuanto llegó el comandante del ejército de vertebrados, los cangrejos que estábamos reunidos lo saludamos poniendo la tenaza derecha en nuestro cefalotórax, le pedimos que no aceptara concesiones retroactivas a la evolución positiva de la vida, el perfeccionamiento debía proseguir por las venas que estaban abiertas desde el principio del tiempo, yo le entregué mi currículum y le pedí que me incorporara a las fuerzas de espionaje que entre los mosquitos comenzaban a formarse, nadie podría sospechar que un simple crustáceo violinista era un informante de las ofensivas humanas en contra del orden perfecto de la naturaleza.

Hoy el dialogo se tornó ríspido, la caballería, obviamente sin jinetes y sin sillas de montar, estuvo a punto de intervenir, los humanos alegan que está escrito que ellos son los reyes de la creación y pueden hacer lo que se les antoje con las especies "menores". Los animales lo rebatimos, les explicamos que los mejores argumentos naturales están ejemplificados en el proceso evolutivo de los ecosistemas y en cinco mil millones de años se han retroalimentado para forjar una esencia global que podría llegar a la perfección en muy poco tiempo, esa esencia ya lo hubiera logrado si la intervención negativa de la especie humana no se hubiera plantado en la necedad de creer que todo lo que han hecho, lo han hecho bien, les aclaramos que antes de que se imaginaran lo que iban a decir sus escritos divinos, el Big Bang ya había pronosticado la evolución ascendente y funcional de un orden original, el cual fue lanzado al infinito por medio de explosiones atómicas detonadas para modificar los átomos del único gas que se encontraba presente: el Hidrógeno.

Los humanos, como siempre lo han hecho, quisieron apelar a la fuerza para imponer sus razones, trajeron a varios monjes y a sus fuerzas de élite especiales para explicar por medio de metralletas y cruces que nada era cierto, que la única verdad era la que Dios había dictado, pero les puntualizamos que el Dios verdadero existe desde antes de la deflagración primigenia y que los estallidos nucleares controlados por su omnipotencia, habían multiplicado la constitución y la velocidad de los átomos hasta convertirlos en todos los elementos que integran las cosas, incluso hasta para conformar los metales y el carbono. No lo aceptaban y trataron de patearnos, se formó una escaramuza en la que por lo intrincado de la conflagración, nadie sabía si era mamífero, ave o reptil, decidimos que por lo cansado del trabajo neuronal, debíamos posponer las discusiones hasta mañana.

Por la noche los humanos quisieron arrestar a los changos, los cangrejos nos organizamos para prendernos de sus partes nobles y por medio de la telepatía que hemos desarrollado últimamente, evitar que se los llevaran, entonces sacaron sus fusiles UZI para matarlos, no lo pudieron hacer porque todas las armas estaban inutilizadas, aprovechando la escaramuza de ayer, las anguilas habían electrificado los metales y habían derretido las balas, "tal como los glaciares que con su erróneo desarrollo han provocado" —pensé.

Hoy los humanos están súper-encabronados, no pudieron arrestar a los changos y no pueden probar que los problemas que tienen sus fusiles son por la intervención de las anguilas, nosotros les dijimos que el fabricante israelí era un estafador y que les habían vendido puras porquerías, tampoco lo aceptaron y siguieron vociferando babosadas en contra de los animales y las plantas, en cuanto se calmaron los ánimos, las discusiones continuaron.

Los humanos siguen alegando mandatos divinos, hoy trajeron una Biblia y nos querían hacer jurar sobre ella que todo lo que decíamos era cierto, les reafirmamos que los animales no engañamos a nadie y nunca decimos mentiras, esa era la verdad, solo la verdad y nada más que la verdad, les expusimos que nosotros manifestamos nuestras emociones en el momento en que vemos la bondad, lo podían constatar con los perros, en cuanto sienten el cariño de cualquier humano, mueven su cola de inmediato, "si lo exigen para no salirse de la negociación, sí, vamos a jurar —les especificamos—, pero sobre las páginas de la enciclopedia de Darwin", por las dudas, mientras los changos mayores juraban en el nombre del verdadero Dios de la sustentabilidad que detonó el Big Bang y creó una evolución digna de ejemplo en todo el Cosmos, las asociaciones protectoras de animales que habían asistido como verificadores, hacían changuitos con sus dedos.

Las discusiones se han desviado hacia la falta de certeza de la ciencia, hoy los humanos declararon que todo es relativo y nada es comprobable, sobre todo en las leyes del más fuerte, "efectivamente —les argüimos—, Darwin nunca dijo que su teoría se basaba en la ley del más fuerte, señaló que se soportaba en la ley del más apto, y la aptitud reclama la adaptación a los diferentes climas, esto lo hemos comprendido muy bien los animales y por eso existe la biodiversidad de especies, sin embargo, Darwin ha sido complementado, si leen a James Lovelock, se darán cuenta de que su hipótesis GAIA tiene mucho de verdad, dice que la Tierra es un organismo vivo que auto-regula sus procesos para proteger la vida y que si se altera en demasía su esfuerzo de adaptación, los más perjudicados van a ser ustedes", los humanos siguieron ensimismados en sus contradicciones y mejor les propusimos dividir la asamblea en mesas de trabajo especializadas para abreviar tiempo y llegar lo más rápido posible a conclusiones esperanzadoras, cada día que se pierda en altercados inútiles, se incorporan al riesgo de extinción miles de especies.

Me apunté en la mesa de economía y mandé a doce de mis amigos a la mesa de religión, quería mandar a mis hermanos pero me arrepentí, no fuera a ser que los humanos nos acusaran de nepotismo y abortaran las avenencias, yo no sé nada de sistemas financieros, pero quiero dirigir los arreglos finales al estudio de la economía circular, en ese estudio práctico los animales somos expertos, en la naturaleza todo se aprovecha y los residuos de unos son el alimento de otros.

Mis amigos que mandé a la mesa de religión, me dijeron que en su tablón de dialogo no llegaron a ningún acuerdo benéfico para los dos bandos, me indicaron que los animales habían discutido que independientemente de las creencias de cualquier índole, todos debíamos realizar nuestras acciones en beneficio de todos, incluyendo a los semejantes, a la Tierra, a los vegetales, a los animales y a nosotros mismos, los humanos no habían entendido ese concepto y habían derivado las querellas hacia las mujeres y los deportes, dos cosas de las que los animales no sabíamos nada.

Hoy se presentaron los acuerdos, la mesa de religión llegó a tres conclusiones:

1. No se debe permitir predicar a las mujeres, lo dice la Biblia
2. Al árbitro de los partidos de futbol no se le debe agredir so pena de ser enviado al Santo Tribunal de la Inquisición, el cual debe ser restablecido en los gobiernos de todo el mundo
3. Todos los habitantes del mundo deben profesar alguna religión diferente al orden natural establecido en el Cosmos

En la mesa de economía los acuerdos fueron sustanciales, el único problema fue que los humanos no los firmaron, yo de todos modos los escribo aunque sé que no van a aparecer en el documento final:

1. Prohibición de corridas de toros y peleas de gallos
2. Prohibición de caza y pesca cruel
3. Protección a las abejas evitando los pesticidas

4. Los árboles son seres vivos y deben ser respetados
5. Los plásticos son perjudiciales para la supervivencia de la vida marina
6. Los ecosistemas deben ser tomados en cuenta de forma integral en cualquier ley
7. Las crisis alimentarias deben ser repartidas entre animales y humanos
8. El aire contaminado debe ser purificado
9. El agua es un elemento indispensable para la vida
10. Los animales no reconocemos a los metales "preciosos" en el equilibrio terrestre
11. Los yacimientos petroleros son sumideros naturales de carbono, hay que dejarlos en su lugar de origen
12. Los alimentos orgánicos son saludables para todas las especies
13. La Tierra es un planeta con recursos naturales finitos
14. La tala indiscriminada causa erosión y pérdida de hábitats naturales
15. Altos impuestos para las actividades económicas dañinas para el medio ambiente
16. La única propiedad privada es la Biósfera y pertenece a todos los seres vivos

Los vegetales se opusieron al punto 8, ellos viven del CO2 que excretamos todos los animales y transforman el bióxido de carbono en oxígeno libre, querían que se borrara ese apartado de la propuesta, nosotros les dijimos que ese punto se refería a los excesivos gases de efecto invernadero que están emitiendo a la atmósfera los humanos y no al bióxido de carbono natural que excretamos los animales, incluyendo el que excretan los propios hombres, "incluso las vacas excretan metano" —les dijimos—, esto los convenció y pidieron que se agregara un anexo donde dijera que el equilibrio natural debería ser restablecido.

Hoy se suspendieron las pláticas, parece ser que hace diez años, una empresa petrolera provocó un derrame y no se han reconocido los devastadores efectos que se manifestaron en todos los ejemplares marinos del Golfo de México, los animales requerimos que los humanos reconozcan todos los daños que han perpetrado por siglos, necesitamos de su arrepentimiento antes de pedirles un cambio de mentalidad, deben conocer su historia y reconocer sus errores, es indispensable para que no vuelvan a cometerlos.

El derrame

Hoy vi a dos gaviotas, una de ellas planeaba serenamente por el azul intenso del firmamento y disfrutaba de la placidez de la fuerza aeróbica, la otra no podía caminar y se esforzaba por pedir ayuda, al ver sus alas que no podía levantar, deduje que estaban adheridas a su cuerpo y que le escurría un atole chocolatoso de los que últimamente he constatado que salen del mar mezclados con la espuma blanca de las olas, estaba a punto del colapso y sus patas escurridas de un sebo color café oscuro, la mantenían de pie con una actitud de aceptación a un destino totalmente extraño a la misión que le fue encomendada, sus párpados chorreaban lágrimas de un aceite graso imposibles de ser limpiadas por las que verdaderamente surgían de sus ojos, sabía que ella no era la causante de su desgracia y se negaba a morir sin antes haber conocido la fuente de la inmundicia que la llevó a ese extremo, nunca en su vida había sentido en su cuerpo ese líquido chapapotero al que los humanos idolatran como el "oro negro".

Hoy pasaron por el territorio de los cangrejos violinistas los cuidadores de los huevos de tortuga, andaban revisando los bosques de mangle que habían cambiado en el transcurso de los años su tonalidad característica que trasmitía una alegría contagiosa, por un matiz triste y angustiado que sólo trasmitía devastación y congoja, iban con la cabeza gacha platicando sobre un derrame que hubo en una plataforma marina y había dañado el medio ambiente de una forma irreparable, "esto fue en el 2010 —decían—, se derramaron cinco millones de barriles de crudo y todavía hoy seguimos paliando las consecuencias de ese apocalíptico desastre medioambiental, ha sido el mayor derrame de la historia de los combustibles fósiles, los científicos han encontrado extensas manchas a más de mil kilómetros de donde sucedió y para contenerlas, los dueños de la petrolera BP usaron dispersantes químicos que afectaron la vida de innumerables especies oceánicas, amenazaron la existencia de las aves migratorias que parten desde el sur y vuelan sobre el Golfo para reproducirse en el hemisferio norte, el humo del aire envenenado por las quemas arruinó su éxodo y las obligó a descender para morir en las playas; el fitoplancton no pudo efectuar la fotosíntesis por las densas nubes de petróleo que permanecieron en la superficie del agua durante años, asfixiaron a miles de mamíferos que necesitaban salir a respirar aire puro; los peces sufrieron daños en su piel y en sus branquias; las bacterias aeróbicas desesperadas por la falta de oxígeno debieron alterar sus genes para intentar metabolizar el propano que terminó aniquilándolas".

"¡Y lo que sucedió con las tortugas!, que es lo que nos atañe —acataba quien los contrató para recuperar los huevos de las madrigueras e incubarlos en los nidos protegidos para que después las suelten los niños—, acuérdense que en el 2011 sólo salieron a desovar la mitad de las tortugas que venían anualmente, nada más pudimos rescatar 40,000 huevos cuando en los años anteriores rescatábamos 80,000; al día de hoy todavía no llegamos al nivel en el que nos desenvolvíamos antes del derrame, necesitamos trabajar con más esfuerzo para proteger la maravillosa armonía que teníamos cuando no se había descubierto la capacidad energética del petróleo".

Según tengo entendido, ellos eran antes robadores de huevos e impulsaban el mito de su afrodisiaca mentira para venderlos en mejor precio, el fundador de la asociación civil los contrató ahora para resguardar los nidos y que tuvieran una manera de ganarse la vida más en sintonía con el equilibrio natural, la asociación se mantiene con la venta de camisetas y gorras que compran los turistas para adquirir el derecho a soltar una tortuga recién nacida.

Escrito el anterior comercial, hoy me dedique a valorar, después de diez años, la mugre que nos dejó el derrame, fui al refugio de mi tatarabuela, ella siempre lo mantuvo en excelentes condiciones de limpieza y me percaté de que ahora todas las arenas de su alrededor lucían resbalosas y con un extraño líquido que oscurecía el resplandeciente café claro que las bañaba de luz en los amaneceres del Golfo, nunca había advertido ese insólito color chocolate hasta que escuché la plática de los cuidadores de los nidos de tortuga, yo pensaba que así eran todas las arenas de todas las playas del globo terráqueo, aunque por fotografías de Cancún que he visto en revistas que nadie recicla, me doy cuenta de que las arenas de sus playas son exageradamente blancas, por lo mismo las aguas se ven transparentes y reflejan el azul del cielo con un tono inigualable jamás visto en ningún lugar del mundo.

Hoy me voy a conocer Cancún, ya casi es semana santa y antes de que lleguen los turistas a contaminar sus playas, quiero comparar sus blancas arenas con la suciedad que nos dejó el derrame, inicio mi aventura en la carretera Poza Rica-Veracruz, en la gasolinera del entronque me subo al primer carro que veo, es una Combi de lujo arreglada, tiene solamente dos asientos y una cama, me escondo bajo el asiento del copiloto y veo que son cuatro muchachos, dos varones y dos mujeres a los que afortunadamente escucho que van para allá, una de ellas dice que perdió su celular y que qué bueno que fueron a su casa para avisarle que ya tenían el hotel reservado, no se dan cuenta de mi presencia y platican en voz alta sobre los placeres que les esperan al llegar, su mente es más abierta que el agujero de la capa de ozono causado por los CFC de los botes a presión, me imagino que deben ser de los llamados "swinger multisexuales", lo bueno es que se turnaron para manejar y llegamos al día siguiente más o menos como a las doce de la noche, durante todo el trayecto se relevaron, dos adelante y dos en la cama, la verdad no sé qué cosas hicieron porque los muelles de la Combi llegaron bastante desgastados, muy su gusto, al llegar bajaron sus cosas y se instalaron en un lujoso albergue, ya no supe ni que cuarto les dieron porque descendí del carro y me quedé dormido en una jardinera que tenía sembrada una palma areca de ornato.

Hoy camino rumbo a la playa y lo primero que veo es a la mujer del bikini amarillo, le hago señas para que me reconozca y ni siquiera voltea a verme, al llegar a la arena se quita el bikini y se acuesta a tomar el sol junto a la niña de la piñata del primer capítulo, ya está mucho más crecidita y la mujer que usa unos lentes tremendamente más oscuros para disimular las arrugas, le dice que se quite la ropa y se acueste junto a ella, la jovencita lo hace con un gusto inusitado en personas heterosexuales y ambas se abrazan y se duermen para dorar su piel bajo los rayos solares que les advierten con su calor del aumento de su maldición, constantemente se incrementa su peligrosidad por el agrandamiento del agujero de la capa que nos protege de los rayos ultravioleta, es mucho más chico que la mente de los jóvenes que me dieron el aventón pero ellas no lo saben, si se asolean por más de una hora diaria pueden contraer cáncer, como han cambiado los tiempos, quizás por eso también a los cangrejos se nos están blanqueando los caparazones, yo me acuerdo que antes a los niños recién nacidos los sacaban un rato al sol para absorber una vitamina que sólo era producida por los rayos del astro rey.

Hay más personas sin ropa, hombres y mujeres, por lo que veo es una playa nudista, nadie se mete al mar porque está lleno de sargazo, de repente llegan unos hombres perfectamente bien vestidos a entregar unos paquetitos con un polvo blanco que la gente se mete por la nariz con un billete enrollado de cien dólares, también los reconozco, son los que iban en la lancha que me llevó a la selva lacandona, entonces me pongo a pensar en que la imitación de un estilo de vida infame, ha conducido a los habitantes de Cancún a tener un medio ambiente peor de infame.

Hoy platiqué con otros cangrejos y me dicen que antes Cancún no era así, antes el agua era cristalina y las personas tomaban la copa en unos bares donde la seguridad era lo primero, hoy el agua está llena de sargazo y a los bares llegan grupos con metralletas a disparar en contra de otros grupos que llegan a esconderse.

Me voy en una lancha a Cozumel para ver el mar cristalino en todo su esplendor, el sargazo que inunda Cancún viene de un nuevo "mar de los sargazos" surgido frente a las costas de Brasil y es constituido por otros elementos diferentes al mar de los sargazos original que está en el Triángulo de las Bermudas, no se sabe por qué surgió ese nuevo mar, se dice que fue porque ahí desemboca el Río Amazonas y los nutrientes de los que se alimentan ese tipo de algas son devorados por este tipo de vegetación, pero, con todas las cosas que están sucediendo en el mundo por culpa del hombre, ¿quién nos puede decir con certeza que es algo natural?, hay investigadores que dicen que es un extraño desastre ecológico monumental, otros que se convierte en arena, otros que sirve para composta y que se pueden hacer ladrillos para construir casas, no sé, habrá que hacer estudios serios porque lo que sí se sabe es que contiene arsénico y gases sulfurosos, mar adentro es benéfico para las tortugas y los crustáceos, les da sombra, pero en la playa, aparte de que espanta al turismo, tiene un olor muy feo, yo prefiero ver la magnificencia de los fondos marinos y la transparencia de sus aguas, por eso me voy a Cozumel a recordar viejos tiempos cuando estuve platicando con el líder de los Arrecifes de Coral.

Hoy me voy a Tulum a conocer sus pirámides, son imponentes, es una lástima que puedan desaparecer por el incremento irreversible del nivel del mar, tiendo mi hamaca entre unas palmeras que están naciendo y me quedo un rato contemplando el paisaje.

Hoy me tocó ver un pleito más sazonado que "la camorra del siglo", imagínenselo ustedes, estaban los integrantes de un partido "verde" diciendo que el estertor de los manglares que había realizado una compañía para construir un hotel era legal, alegaban que ellos habían sido los dueños y tenían el permiso de construcción desde tiempo atrás para destruir lo que fuera, había varios cocodrilos partidos por la mitad y miles de peces muertos, los integrantes del partido se posicionaron en el terreno para que las máquinas siguieran trabajando, afortunadamente también había varios jóvenes activistas que intentaron crear la consciencia que debe existir en los partidos de cualquier color, me acerque un poco más y los recordé perfectamente, eran los niños milagro, les aclaraban a los políticos que la erosión es una causa comprobada de inundaciones, que ellos habían sufrido hace tiempo un fuerte desbordamiento de un río y que la subida del embalse de la presa se debió a la deforestación que se practicaba en la sierra, los integrantes del partido no lo entendían y se trenzaron en un pleito que duró varios meses, al final creo que las autoridades hicieron a un lado a los niños milagro, a la empresa le respetaron el permiso de construcción con la condición de que restaurara el manglar, sabían que los manglares no se pueden "restaurar" y de todos modos les respetaron la concesión, además el daño ya estaba hecho, los ricos tendrían su hotel y sus hijos lo pagarían con el empobrecimiento de su cerebro, la Tierra cobra con el tiempo las facturas por el deterioro ambiental.

De regreso a Tecolutla me vine por la ruta del tren Maya, vi las pirámides de Chichen Itzá, Calakmul, Palenque y otras zonas arqueológicas por donde va a pasar, que interesante que se hagan este tipo de proyectos turísticos, ojalá también todos los cargamentos se transportaran por tren, es mucho menos contaminante que los miles de tráileres que por cuestiones económicas de minorías, se impulsaron políticamente desde los tiempos posteriores a Porfirio Díaz.

Qué bueno que me fui a conocer Cancún, dicen que hay algunos lugares que hay que ver antes de morir.

De regreso a Tecolutla vuelvo a mi depresión por todo lo que está sucediendo en el mundo, los micro plásticos están afectando gravemente a las tortugas, a las aves y a los mamíferos marinos, las especies vegetales invasoras están acabando con la vegetación endémica y más de un millón de especies se están enfrentando a la extinción, para los humanos no han funcionado ni los sistemas económicos, ni las religiones, ni las macro-relaciones de convivencia política, eso afecta la armonía con la que el conjunto de los animales hemos evolucionado a través de los tiempos, ningún país acepta sus errores y todos quieren crecer sin preocuparse por los daños que el extractivismo genera en el equilibrio terrestre, no han asimilado nada del altruismo de los árboles, ellos nos ofrecen el mejor de sus frutos tomando únicamente una poca del agua que requiere su metabolismo vegetal, con un mínimo de recursos nos regalan por medio de la fotosíntesis el oxígeno que necesitamos para respirar, también nos brindan sin condiciones los alimentos y las medicinas suficientes para combatir cualquier debilidad o enfermedad, los humanos se lo retribuyen talándolos, no lo comprendo.

Me voy a una cantina a tomar unas gotas de pulque para aliviar mi desesperanza y lo que vi en la televisión me sacó de mi angustia, afortunadamente no la tenían en el canal de los deportes y pude ver a una joven sueca que ha movido a millones de estudiantes en todo el mundo para que en lugar de ir a la escuela los viernes, vayan a los ayuntamientos a protestar por la falta de acción ante el cambio climático, su posición es que para que van a estudiar si no tienen futuro, les dicen a los gobernantes que es mejor el cambio de sistema que el cambio de clima.

Apuro las gotas de pulque y me voy a la playa a predicar a los de mi especie que las cosas van a cambiar, necesito hacerlo pronto porque últimamente no me he sentido muy bien, no vaya a ser que con el deshielo de los glaciares se haya descongelado algún virus y haya invadido mi carne blanda, pero aunque me enferme estoy contento, lo que vi en la televisión me llenó de optimismo, vi como los niños se están manifestando en varias ciudades de Europa porque los adultos no les están dejando ningún futuro, los trajeron al mundo sin pensar en las consecuencias catastróficas que su estilo de competencia y de "progreso" iban a causar en sus vidas.

"Queridos cangrejos hermanos míos —inicio mi retorica como si fuera un predicador con el fin de crear un impacto profundo en sus neuronas—, las protestas no podían ser de otra manera, el agotamiento de la Tierra está obligando a los jóvenes a exigir la reparación de las lesiones infringidas a un paraíso terrenal que tenía las ordenanzas naturales para una existencia plena de todos los seres vivos, su colapso se está reflejando en la degradación del oxígeno que requerimos todas las especies vivas para mejorar la mente sana con la cual nacimos, los críos humanos son cada vez más listos y ya se percataron del pobre y devastado porvenir que les espera si sus padres continúan con el pillaje de los recursos naturales que les corresponden por haberlos traído a este mundo matraca, los adultos lo han transformado en un desierto negligente y para defender sus ideas devastadoras, los adultos han convertido el cambio climático en una lucha de ideologías en las que siempre resulta vencedor el dinero, así lo han perpetrado por siglos, viven en el pasado, a los efectos nocivos de sus errores los quieren combatir con inventos milagrosos contarios al devenir evolutivo, pero está demostrado en la historia, que su prepotencia los ha llevado al fracaso en innumerables ocasiones, por eso los jóvenes están demandando que el petróleo, el gas y el carbón se dejen bajo tierra, dicen que los adultos ya extrajeron en demasía los abundantes recursos del Planeta, lo cual es espeluznantemente cierto, le atrofiaron a la Tierra su extraordinaria capacidad de biorecuperación y a ellos no les están dejando más que problemas de supervivencia, se los digo con conocimiento de causa mis amados cangrejos, por último y en lo privativo de la especie a la que pertenezco, quiero pediros el indulto por si alguna vez he ofendido a cualquiera de vosotros, nunca fue mi intención".

Hoy fui a consultar a un veterinario porque me duele mucho mi exoesqueleto, me dijo que tenía la peste de cangrejo y que me quedaban cuatro días de vida, le pregunté sobre mi enfermedad y me respondió que es un hongo que afecta únicamente la piel de los crustáceos, que se multiplica debido a las altas temperaturas y que con el calentamiento de la Tierra, ciertas especies de artrópodos se están extinguiendo en todo el viejo continente, yo le dije que lo que me dolía eran los huesos de afuera y me precisó que al igual que las uñas de los hombres y las cáscaras de las frutas, los huesos de los cangrejos son extensiones de la misma carne.

No entendí lo que ayer me dijo el veterinario, de cualquier manera hoy investigué sobre la peste del cangrejo, la afano micosis es un síntoma provocado por una forma de vida indefinida entre los hongos y las algas, no se puede catalogar como un virus porque su metabolismo es autónomo en su evolución, pero a causa del cambio climático causado por los humanos, se ha reproducido con mayor facilidad durante las temporadas calurosas, esa naciente forma de vida estuvo congelada en los polos durante millones de años y no aguanta el frío, además solamente ataca a los cangrejos.

Respecto a lo que me queda de vida voy a seguir haciendo lo mismo que he hecho siempre, luchar por la dignidad de los animales y por la recuperación de los espacios ambientales que los cobijan, no le tengo rencor al hombre, su ambición por los lujos lo ha llevado a separarse del decreto natural que nos rige a todos los seres vivos, decreto que se constituyó millones de años atrás antes de su aparición en esta bendita Tierra que nos otorga la posibilidad de superarnos sin dañar a nadie, de ella podemos obtener lo que queramos menos riquezas materiales, no nos da dinero porque el dinero es un invento del ser humano que ha dado al traste con el equilibrio ecosistémico, no es parte de la evolución que por sí sola nos ha trasladado a paraísos inimaginables que son mucho más enriquecedores que cualquier invento material del hombre, por eso los animales tenemos los ojos bien abiertos, nos sirven para observar en tercera dimensión y sin cortapisas panoramas deslumbrantes que nos trasmiten la paz, no necesitamos chocar nuestras tenazas para conseguirla, tenemos los sentidos necesarios para estar acompañados en el soberbio concierto de la existencia, es la convivencia natural en sublime armonía con la plenitud de sus creaturas, sus notas musicales son sinfonías en contrapunto de dimensiones infinitas, su pasado ha sido forjado como un insuperable poema colectivo y su predestinado futuro será cada vez más elevado si se construye en concordancia con los designios originales del Big Bang.

Mi última petición es que en la próxima Cumbre de la Tierra, la Organización de las Naciones Unidas exija a los países del Planeta una disculpa pública de los humanos a los animales, la solicité desde hace tiempo en un martes cuando cambié de actitud, si la piden, nosotros les concederemos el perdón porque el perdón es lo más glorioso que tenemos las pacíficas fieras que durante siglos han sido acorraladas por el hombre, el otorgar esa indulgencia nos llena de calma y tranquilidad para obtener el descanso final en nuestro lecho de muerte.

Hoy los humanos se disculparon ante una comisión de animales y plantas, ya puedo morir en paz conmigo mismo, la justa convivencia entre todas las formas de vida continuará por los siglos de los siglos.

La vida eterna

Llevo ya dos años de muerto y las cosas en el mundo siguen igual o peor de nefastas que cuando me dio la peste del cangrejo, sobre todo para el medio ambiente, mis restos reposan bajo los escombros de un manglar y desde ahí he percibido variaciones sustanciales que quiero informar: la eternidad es oscura y aburrida, no hay tiempo ni distancia, todos los animales y vegetales permanecemos en un mínimo espacio y no podemos movernos de él, además, ¿Para qué queremos salir si todo está en tinieblas? Da lo mismo que crezcamos o que nos quedemos en la condición de semilla o larva, ya estamos muertos y no tenemos la consciencia del ser.

En el mundo todos teníamos una vida plena, llena de oxígeno, corríamos, saltábamos, nadábamos, reíamos, jugábamos, estudiábamos, teníamos amigos, los animales y las plantas, inmersos por instinto en una ayuda simbiótica nos asistíamos para sobrevivir, los vegetales sin pedirnos nada a cambio, incrementaban el oxígeno para aumentar las posibilidades de superación de cualquier variedad de vida, desde mi nuevo estado inanimado les suplico a los hombres que no desperdicien la suya, no aleguen tonterías ni acaben con ese gas benéfico, es el único elemento que pulió la evolución, no asesinen al fitoplancton que les proporciona la mitad de su aire limpio, los vegetales son el origen de la existencia pensante, los animales lo entendimos desde que las bacterias nos lo anunciaron, no nos involucramos en crecimientos económicos extractivistas, la naturaleza es inversamente proporcional a ese tipo de progreso ficticio y por esa razón nosotros evolucionamos orgánicamente, hoy estamos en un proceso de perfeccionamiento que vamos a lograr con humanos o sin humanos, se los digo con toda honestidad, no tengo alma, estoy en un vacío sin sentido y lo que menos me interesa es decir palabras necias, créanmelo.

En esta vacuidad que vuelve polvo mi organismo, permanece en mi mente un mínimo de entendimiento, me dice que el problema no es de nosotros y que la naturaleza lo dedujo desde hace más de cinco mil millones de años, a los animales nos regaló el don sublime de aprender de ella y lo aprovechamos de manera pródiga, siempre actuamos en armonía con la esencia del universo y el universo nos lo retribuye con creces, debido a ello perdí la consciencia hace dos años y no me arrepiento, la naturaleza me regaló el don sublime de ser mortal.

En este panteón sin cruces, el vacío me reveló que los hombres nunca van a aprender de nosotros hasta que suceda un accidente de proporciones gigantescas, siguen extrayendo petróleo, gas y carbón, su hegemonía se continúa soportando en el crecimiento ilimitado de los países que con sus reservas integran un Planeta finito, su sociedad persiste en consumir porquerías que hay que desechar de inmediato, la energía que se requiere para producirlas, continúan generándola con los combustibles fósiles porque es lo más barato, no entienden que el problema principal es la Atmósfera y no la economía de mercado, la Biósfera no puede procesar todo lo que le emiten de su inmundicia de gases y cada vez está más deteriorada, es imposible que modifique su constitución tan rápido como lo exige el despilfarro del consumo humano.

Antes de que los hombres irrumpieran en esa ascendencia de protección positiva, el proceso natural tardó miles de millones de años en consolidar la particularidad interactiva del beneficio colectivo, la única especie que se apartó de su ordenado perfeccionamiento fueron los hombres, lo hicieron por cumplir con imaginarios designios divinos, insistieron e insisten en luchar en su contra, prolongan las guerras frías y se desgastan por imponer ideologías que a la naturaleza no le sirven de nada, su estilo de vida lo continúan sustentando en creencias infantiles que los conducen a respetar al que más tiene, a los pobres los siguen manipulando con los medios de comunicación y con las limosnas humanitarias, patentan transgénicos para intentar cubrir las necesidades alimentarias de la sobrepoblación mundial y lo hacen sin perder la posibilidad de urdir opulentos negocios, superan conscientemente la viabilidad natural, los pocos cultivos rentables desplazaron la tradicional biodiversidad agrícola y eso se va a revertir en su contra, no entienden que en tiempos de crisis, todo lo que hagan debe estar enfocado hacia la dimensión climática, no tienen otra opción, se han metido en un berenjenal enmarañado por su propia necedad y no han dejado ninguna otra puerta abierta a la que puedan acceder para neutralizar los efectos negativos del cambio, se los pronostico, el colapso económico mundial es inminente, la recesión que les espera y que ustedes forjaron con sus ideas competitivas, es mucho más devastadora que los huracanes que han provocado con su "revolución Industrial", se empeñaron en seguir por rutas diferentes a las señaladas desde el principio del tiempo y ahora tendrán que sufrir las consecuencias del agotamiento del Planeta, sus sistemas financieros fueron un fracaso, la única propiedad privada es el ecosistema global y aunque estemos muertos nos pertenece a todos los ciudadanos del mundo, incluyendo a los animales y a los vegetales, todos los seres vivos creamos ese equilibrio magistral entre la atmósfera inerte y la vida, los seres muertos seguimos nutriéndolo con nuestras cenizas, ustedes se equivocaron, la especulación de los recursos naturales no fue la salvación de la humanidad, los inflaron y los agotaron, el camino que seguimos los animales y las plantas fue totalmente contrario a sus ideales de adelanto, mientras ustedes involucionaban nosotros evolucionábamos, con todo mi corazón que ya no late, les deseo que la naturaleza no los elimine pronto del orden establecido que a todos los organismos vivos nos costó un inmenso trabajo forjar en millones de años, siempre lo hicimos de forma positiva para que ustedes llegaran, y ustedes llegaron de forma abrupta, intempestiva y estúpida, nos decepcionaron, se aprovecharon de nuestra inocencia para meternos en sus corrales, experimentaron sus medicinas con seres indefensos a quienes mataron para hacerse ricos, domesticaron especies para ganar guerras, a otras las adiestraron para correr y apostar, a las mayorías las criaron para comérselas sin saber que todos venimos de una primera cianobacteria heroica que comenzó a trabajar con el sol para eliminar el bióxido de carbono de la superficie terrestre, con esto puso las condiciones apropiadas para que surgiera la vida, después nacieron otras y se fusionaron entre ellas para superarse, continuaron dependiendo del astro rey y sobrevivieron, así se generaron nuevas formas más sofisticadas hasta llegar a los tiempos actuales en los que el hombre con su egoísmo exterminador descompuso el proceso evolutivo.

Todos los países deberían hacer un monumento a esa épica bacteria en lugar de inventar técnicas de competencia en las que nadie gana nada, la evolución es producto de la ayuda colectiva mutua y no de los caprichos individuales de los gobernantes, tiene trazada una línea presente desde la explosión primigenia y es necesario seguirla para que el reloj funcione de manera puntual, su destino es la perfección y ustedes lo han alterado, han querido sentirse dioses al sintetizar elementos radiactivos, han abandonado el estudio de la química orgánica, desde mi sepulcro de hojas secas les profetizo que hay más energía en los procesos naturales, dejen a las estrellas hacer su labor y concéntrense en lo que tienen, la esencia del Universo se los agradecerá y todos los cangrejos muertos les haremos un homenaje para satisfacer su ego.

La inutilidad de las relaciones de convivencia inventadas por los humanos, van a quedar plasmadas en un Planeta con menos especies, en el Océano están afectadas con sus plásticos el 86% de las tortugas, el 44% de las aves y el 43% de los mamíferos, las bacterias existentes desde hace más de tres mil millones de años tendrán que trabajar el doble para crear nuevas formas de vida que puedan soportar el cochinero que nos van a dejar, quizás nunca vuelva a presentarse una inteligencia como la vuestra, pero de lo que sí estoy seguro, es de que la nueva inteligencia que surja no será tan destructora de los ambientes como lo fueron los hombres, al no haber petróleo quemado el calentamiento descenderá y habrá nuevas glaciaciones, los humanos que hubiesen podido huir del infierno que quede, estarán en planetas donde la diferente gravedad los convertirá en medusas sin cerebro, no se acordarán de lamentar el gigantesco esplendor del único Planeta del Universo que estuvo a punto de alcanzar la perfección, no tendrán la posibilidad de redimirse y nunca sabrán que si hubieran cambiado, les hubiera tocado la sincronía de piezas y eventos totalmente en sintonía con su pensamiento natural, hubieran podido mover el equilibrio del Cosmos con un solo pacto conveniente a todos, así inició la integración de la concavidad cósmica, era el camino ya dispuesto por el destino únicamente para seguir su ruta, no aceptaba desviaciones y los seres humanos se empeñaron en creer que eran más inteligentes que ese regalo generoso, no se atrevieron a dar el salto sustancial de su devenir vivencial, prefirieron continuar con su necedad de no haber hecho nada mal y siguieron esclavizando animales hasta que la Tierra veló por ellos.

Los cangrejos sentimos profundamente el dolor, hoy cumplo tres años de muerto y aún sigo pensando en que no me da lo mismo lo que les suceda a mis descendientes, los animales, aunque estemos muertos, nos preocupamos hasta la generación infinita por lo que le acontezca al mundo, nuestros restos continúan generando vida, desde esta tumba regada con flores marchitas, les aclaro que las disculpas de los hombres no fueron suficientes para modificar las tendencias de los depredadores, sus acciones se transformaron en traiciones hacia la naturaleza y la tecnología les infundió los ánimos suficientes para darle valor a la inconsciencia de sus desacertados resultados, apostaron por la progresión de la comodidad y no lograron ascender lo suficiente para programar la inteligencia artificial y ver crecer a las computadoras que crearon para que los sustituyeran, el medio ambiente agotado los extinguió antes.

La Tierra que protege la vida, se resguardó de los salvajismos de los hombres y les advirtió de su extinción con el cambio de clima, dijeron que era un mito y no creyeron en sus cataclismos, prosiguieron atesorando el dinero y lo utilizaron para improvisar ingenuidades, se atrevieron hasta a devolver con espejos su radiación al Sol, lo retaron a decidir si en sus dominios se valoraba la inteligencia y persistieron en su competencia con un orden que les lleva millones de años de ventaja en la consecución de preciosismos naturales, se adentraron por terrenos que pertenecen a la intuición y quisieron apropiarse de ellos para demostrar que la razón es superior al origen del conocimiento, inventaron dioses semejantes a ellos, nunca se humillaron ante la presencia de un equilibrio perfecto que les brindaba la posibilidad de ser eternos, su causa estuvo perdida desde que adquirieron el egoísmo para hacer sentir su soberbia ante los demás, se creyeron de los cuentos infantiles que pregonan la superioridad sobre los animales y se suicidaron para comprobarlo, adiós seres humanos, la vida continuará sin ustedes.

¡No se alarmen!, y tampoco excluyan de sus planes a los animales fallecidos, desde la inmensidad de la carencia de todo, el club de los cangrejos muertos constituido en el 2018 para protección de los humanos, les publica estos modestos escritos para que rectifiquen su conducta, aún les queda un mínimo de tiempo y hay efectos que son reversibles, son pocos y tendrán que apurarse, la transición energética es indispensable, el sol continúa proveyendo energía, deberán dejar bajo tierra el carbón, el gas y el petróleo.

La especulación financiera fue lo peor que pudieron inventar para presumir a los despojados de sus tierras su crecimiento económico, no se puede inflar el valor de lo que existe en la Tierra, es más, ni siquiera se le puede poner un precio, todo lo existente no alcanza para brindar una austera calidad de vida y menos si se le agrega un costo, tiene valor únicamente por existir, la supervivencia de las especies es imposible comprarlas y aplica lo mismo para la calidad de vida, el consumo debe ser regulado, desde hoy es imprescindible prohibir tajantemente la fabricación de productos inútiles o suntuarios, habrá que promover los nutritivos, agotaron los recursos alimentarios de un Planeta y rebasaron su biocapacidad de recuperación, ahora tendrán que repoblar el campo y volver a una agroecología que los ayude a conseguir las transformaciones sociales, ecológicas, económicas y culturales que requieren, deberán desligarse de los metales y las piedras preciosas, su obligación será proteger el agua como si fuera oro, tendrán que retornar al trueque e impulsar la economía circular, imitar los flujos de la naturaleza en todos los aspectos de su vida, volverse veganos, la ganadería industrial es inviable social y ecológicamente, sólo provoca conflictos y se emplea el ochenta por ciento de los terrenos agrícolas para alimentar al ganado, es responsable también de la deforestación del Amazonas, hay que reducir, reciclar y reutilizar, crecer con lo que ya tienen manufacturado y mandar hacer letreros que anuncien territorios libres de proyectos de extracción, evitar completamente el extractivismo, debido a la acumulación de capitales ya queda muy poco por extraer y la Tierra lo necesita para recuperar su armonía, deberán trastocar sus principios erróneos por la igualdad y la ayuda a los desprotegidos, la justicia ambiental será su prioridad, ¡fuera transgénicos, pesticidas y fertilizantes dañinos!, el cambio de su sistema socioeconómico es lo único que los puede salvar del colapso ecológico y la extinción masiva de especies provocada por su terquedad, en el ecosistema global hay que nombrar y confrontar a los actores y a las estructuras de poder que sostienen la devastación, frenar la deforestación en los bosques tropicales, romper con el control que ejercen las multinacionales en los sectores depredadores, vedar los subsidios a las políticas negativas para el medio ambiente, maltratar la naturaleza significa detener la lucha contra la pobreza, el hambre y la salud de todos los seres vivos, no combatir el cambio climático es tan perjudicial como negarlo.

Las ciudades son las concentraciones de individuos más nefastas para el equilibrio medioambiental, todas las edificaciones las construyen con cemento, acero, vidrio, aluminio, madera y plástico, en sus entornos las industrias y los automóviles generan millones de toneladas de bióxido de carbono, se fabrican productos deleznables que hay que reponer constantemente, lo necesario lo envasan en botellas de plástico y al transporte masivo lo hacen a un lado, aíslan los trabajos de las viviendas, todo es artificial, la ropa es de fibras sintéticas, los alimentos que comen son transgénicos o derivados del petróleo, las personas se enferman a cada rato y las medicinas para sanarlas son biopirateadas o compuestas químicamente, pero nadie se preocupa por restablecer la indisposición de la Tierra, prefieren seguir respirando la contaminación que han emitido durante años y esperar a que el Oxigeno suba de precio, próximamente su venta será el mejor negocio.

El unicel es la panacea ideológica, con su uso desmedido engendran basura por millones de toneladas y no la reciclan, la tiran al mar, todo lo transportan en tráileres a distancias enormes para comercializarlo en mejor precio, construyen vías de asfalto y no se percatan que son cuerpos negros, absorben el calor; vuelan en aviones a otras ciudades sin pensar en el derretimiento de los glaciares que hace la turbosina, construyen el urbanismo para que circulen las máquinas que enaltecen la pereza y deterioran la Atmósfera, no hacen un urbanismo de contención que motive a sus habitantes a pellizcar la verdadera consciencia ambiental, no caminan ni andan en bicicleta, queman los bosques para construir fraccionamientos, acuden a las iglesias a arrepentirse de haberse hecho ricos a costa de los demás y a que les digan que abusar de los niños no es pecado, también la religiosidad es una parte sustancial de la degradación del orden natural establecido existente desde millones de años antes de que nacieran los pastores; las zonas metropolitanas son centros de acumulación de poder en las que sus alcaldes se vanaglorian de no combatir el cambio climático porque los presupuestos se irían a las nubes y no les tocaría su tajada, no sé quién les dijo que la calidad de vida se debía medir con el producto interno bruto de sus habitantes.

El hombre es un pésimo animal político, las ciudades que gobiernan, aisladas de cualquier intento por la recuperación del temperamento natural de un Planeta agotado, lo manifiestan marcadamente.

Los países industrializados se han apropiado de la Biósfera como si fuera su patrimonio y están rotundamente equivocados, todos los organismos vivos y muertos la creamos durante millones de años en un transcurso laborioso y vivificante, nos pertenece, el abuso de su contaminación debe ser sancionado y lo obtenido comprometerse a ser repartido entre humanos, animales y plantas, con esto se apuntalará la conservación del equilibrio natural y por ende se alcanzará la seguridad alimentaria, va a ser difícil pero ustedes mismos han cerrado las alternativas, siguen tomando al PIB como el indicador de su bienestar, lo mezclan con la riqueza y con los lujos, abandonan el capital natural y lo dejan a su suerte, no lo mejoran, si para combatir el cambio climático causado por la contaminación, todos los ciudadanos del mundo pusieran una demanda en cortes internacionales en contra de quien resulte responsable, el club de los cangrejos muertos nos transformaríamos en fantasmas para en las noches asustar y jalar de las patas a los gobernantes, así ayudaríamos a que reconozcan y paguen la deuda de carbono que tienen con los países más pobres, nos interesa la igualdad, la justicia y la prosperidad entre todas las formas de vida, la fraternidad, por lo menos entre los animales y los vegetales, estuvo lograda desde mucho antes de la aparición de los humanos.

Con este párrafo me despido de ustedes, espero que mi diario les aconseje sobrevivir saludablemente como una especie sensata, a mí me espera una eternidad en la que mi consciencia se verá obligada a olvidarse de todo y después morir al igual que lo hizo mi cuerpo cangrejero hace tres años, los animales, aunque no lo crean, tenemos la certidumbre de la existencia mucho más juiciosa de lo ustedes piensan, no tenemos Dios y por eso cuidamos y esculpimos junto con las plantas, el paraíso terrenal de una forma equilibrada y amorosa, ignoro si los humanos tendrán una vida posterior en donde se acuerden de la perfecta Naturaleza que tuvieron y que dejaron perder, a mí, en lo personal, ahora sí lo que menos me interesa es continuar eternamente con una memoria lúcida de lo maravillosa que fue la vida, el seguir por toda la eternidad con ese recuerdo sería un infierno.

FIN

www.ingramcontent.com/pod-product-compliance
Lightning Source LLC
Chambersburg PA
CBHW081343160726
48000CB00010B/3214